优秀的人都会用的高情商沟通术

郑斌◎编著

中国纺织出版社

内 容 提 要

生活中受到朋友欢迎、获得领导赏识的，往往都是高情商的人。高情商的人心态平和，既能合理表达自己的情感和诉求，也能洞察别人的情绪、感受和心思，同时善于沟通，能把话说到别人心坎儿上，把事做到点子上，在处理人际关系时如鱼得水。

本书以高情商沟通为主题，多侧面、多角度、多层次地阐述了人们立足现代社会为人处世应当掌握的技巧和策略，向读者展示了如何通过情商的自我训练达到成功的方法。通过了解情商的本质，破解其在生活中运用的窍门及学习如何从内到外地开发自己的情商，帮助读者掌握沟通的艺术，以便轻松社交。

图书在版编目（CIP）数据

优秀的人，都会用的高情商沟通术／郑斌编著.—北京：中国纺织出版社，2017.12
ISBN 978-7-5180-4430-6

Ⅰ.①优⋯ Ⅱ.①郑⋯ Ⅲ.①心理交往—通俗读物 Ⅳ.①C912.1-49

中国版本图书馆CIP数据核字（2017）第312771号

策划编辑：闫 星　　特约编辑：李 杨　　责任印制：储志伟

中国纺织出版社出版发行
地址：北京市朝阳区百子湾东里A407号楼　邮政编码：100124
销售电话：010—67004422　传真：010—87155801
http：//www.c-textilep.com
E-mail：faxing@c-textilep.com
中国纺织出版社天猫旗舰店
官方微博http：//weibo.com/2119887771
三河市宏盛印务有限公司印刷　各地新华书店经销
2017年12月第1版第1次印刷
开本：710×1000　1/16　印张：13
字数：166千字　定价：36.80元

前　言

生活中，你是否因沟通不畅而懊恼？

一些职场新人怀揣着满腔热情去工作，却苦于不知道怎么样跟领导沟通，而导致事情无法做对，有时还会被贴上不成熟的标签；许多混迹职场多年的“老司机”，尽管能力卓越，是公司的中坚力量，但却由于不会沟通而导致得不到重用，甚至被嫌弃。

虽然，沟通看起来只是交换信息，但由于情绪的因素，假如没有高情商的技能为沟通保驾护航，不仅达不到想要的效果，反而容易得罪他人。长期以往，自己在人际交往中的印象分自然会被大打折扣，升职加薪也就无望了。

高情商的沟通术，就是懂得好好说话。会说话是一门学问，说话有分寸则是一门艺术，最能体现一个人的基本修养。好的沟通会为我们带来更多的幸福和成功，而失败的沟通总是让我们的生活和工作陷入困境。优秀的人，都会用到高情商沟通术。

高情商沟通术，在于懂得什么时候该说什么，懂得对谁说什么以及知道怎么说。揣摩对方的心理，进而说出契合对方心理的话，才能让对方从内心里接受和认同你，从而让自己赢得沟通的主动权。甚至有人断言，高情商沟通，还未开口就已经赢了。那是因为即便尚未开口，但内心已经有了很好的沟通构想，对当前的沟通状态有了比较清晰的定位，同时对沟通的参与者也已经有了更详细的了解。然后根据实际情况需要做出一些选择，用积极的心态面对当前的沟通，并在沟通过程中营造良好的氛围，提升沟通内容的价值感。当然，在沟通过程中需要采取行动来促进结果，比如主动处理双方在沟通中的情绪，积极创造有价值的内容，以促成一次理想的沟通。

编著者

2017 年 4 月

目 录

上篇：你不可不知的社交技巧

上篇：你不可不知的社交技巧

第 1 章　情商比智商更重要：高情商是沟通的必要前提

俗话说：“20% 智商 +80% 情商决定你的成功。”情商比智商更重要，高情商是沟通的必要前提。情商即情绪智商，包含自制、热忱、坚持以及自我驱动、自我鞭策的能力。高情商的人才能拥有卓越有效的沟通力。

如何修炼高情商

情商高的人，在生活中更容易受到他人的欢迎和喜爱，在工作中也会如鱼得水，从而更顺利地发展事业。其实，学术界对于情商的作用还是有很大争议的，而且判断一个人情商的高低也并没有具体准确的标准，只是人们根据生活中的各种表现作出粗略的判断和评价而已。虽然先天的因素对情商起到一定作用，但是后天的成长及社会和生活环境的影响，对于情商的作用显然更大。对于任何人而言，只要处处留心，情商的培养和提高都是完全有可能的。尤其是在父母教育孩子的时候，一定要注重培养孩子的情商。倘若孩子从小就情商低下而父母又不注重培养，那么长大之后就会因为情商低而吃足苦头，甚至影响整个人生。恰恰相反，倘若孩子从小就情商高，则人生也会变得更加顺遂。尤其是青年朋友，如果发觉自己情商比较低，则可以通过努力培养自身的情商，生活中处处多留心、多留意，让自己变得更加受人欢迎。

尤其是在职场上，人际关系越来越复杂，很多人都因为情商太低，无形中冒犯上司、得罪下属，导致工作无法顺利开展下去。即便是普通同事，由于现代职场分工越来越细，我们也应该与同事搞好关系，才能得到他们的积极配合与合作，为自己的职业生涯铺平道路。

当然，情商对于职场上不同职位的影响也是完全不同的。假如一个人从事偏重于技术性的岗位，如技术工作、财务工作、艺术工作等，则受到情商的影响相对较小。与此恰恰相反，假如一个人从事的是与人打交道的工作，如销售工作、教师、管理岗位等，其主要的工作就是与人打交道，因此受到情商的影响相对较重。因而，职场人士也应该结合自己的岗位情况，有的放矢地提高情商。财务工作的从业人员情商低影响不大，情商高则更有利于工作的开展，但是从事销售工作的人则必须提高自己的情商，否则甚至无法开展工作。

作为一名销售人员，小雅的业绩之所以在公司始终名列前茅，和她的高情商是有密切关系的。前段时间，小雅接待了一个特别难缠的客户，对于她推荐的每一款车子，客户都是看看就走，根本没有下文。一个偶然的机会，小雅听到客户说他的妻子是富家千金，因而猛然意识到也许症结就在于此。

客户再次带着妻子来看新款车型时，小雅不再对客户介绍车子，而是开始与客户的妻子套近乎。果然，这次看完车子之后，客户妻子没过几天就主动打电话给小雅，让小雅帮他们预订这款紧俏车型。原来，客户的妻子是富二代，客户的工作则很普通。他们之所以看这么贵的豪华车，是因为客户的岳父能给他们一些赞助和支持。因此，小雅之前每次向客户介绍车子的性能其实都是瞎子点灯白费蜡，作为一名销售人员，她必须抓住最有效的客户需求，才能最大限度地帮助自己成功销售。因此，小雅这次主要向客户的妻子进行介绍并提供建议，也算是找准了决策人，所以才能事半功倍。

作为汽车销售员，小雅的销售策略是销售行业的通用法则。在向客户推销的时候，一定要找准决策人，才能使推销工作进展顺利，甚至达到事半功倍的效果。通俗地说，既然是买东西，当然谁攥着钱谁更有决策权。不过也需要注意，假如是男性客户拿着钱包，则女性销售员也不能一味地盯着男性客户，否则同来的女性客户就可能会为此心生不悦，甚至还会打翻了醋坛子，导致原本进展顺利的销售工作无疾而终。

每一个人都想在事业上获得成功，每个人也都应该努力提高自己的情商，从而使自己事业发展得顺利，也使自己的人生更加辉煌。

情商高，谁都愿意和你交往

一个人在社会上能够获取立足之地，直到最终获得成功，实际上并非仅仅取决于智商，与情商也有着密不可分的联系。一个人要想获得成功，只有智商是远远不够的，还必须有高情商，才能在社会生活中如鱼得水，也才能如愿以偿地获得成功。

生活中，常常有人抱怨人际关系复杂，实际上，人际关系并非我们所想象的那样深不可测，只要我们提升自己的情商，在与他人交往时表现出高情商，人际交往的难题就会迎刃而解。

泰瑞是一名美国人，在二十世纪二十年代中叶，他独身一人去日本学习气功。一天下午，泰瑞结束学习后乘坐地铁回家，突然看到地铁里走来一个身强体壮的醉酒男子，看起来来者不善的样子。只见那个男人带着满身酒气在地铁里横冲直撞，先是撞得一个抱孩子的妇女踉踉跄跄，跌倒在附近的一对老妇人身上，接着又与地铁车厢中起支柱作用的柱子较劲儿，恨不得把柱子连根拔起。看到他的样子，整个车厢的人都吓坏了。泰瑞见状，既想伸张正义，也想借此机会小试身手。因此他缓缓站起身来，慢慢地朝着醉酒男子身边走去。这时，一个身材矮小的老人看出端倪，突然以洪亮的声音喊道：“嗨，朋友！”醉酒男子回头看去，只见老人正笑容可掬地看着他，向他招手。他满怀戒备地问：“你要干什么？”老人笑着说：“朋友，你喜欢喝什么酒？”醉酒男子依然不配合，以僵硬的口吻说：“关你什么事？”老人依然态度和蔼地说：“我喜欢喝清酒，不知道你喜欢吗？我每天晚上都喝一壶清酒，最好是温温的，喝着很养胃。我还会拿着酒壶和太太去花园里散步，你知道，夜晚月光如水，景色非常秀美。假如你也在夜晚边喝清酒边散步，你一定也会爱上这样的感觉。你知道的，花园里还有一棵夜来香，总是在暗夜里绽放香气……我想，你也可以和你太太一起踏着月色喝酒，那感觉真好……”不想，醉酒男子听到这里，突然间哽咽起来，泣不成声地说：“我的太太……她……她去年过世了，再也不会与我一起喝酒了……”男子说着说着，开始痛哭起来。老人走过去，友善地拍了拍男子的背，说：“这真让人遗憾，但是一切都会过去的……”在倾诉之中，男子渐渐恢复平静，最后居然靠在老人的肩膀上睡着了。

在剑拔弩张、一触即发的危急关头，老人及时制止了一场争斗的发生，而且还成功地让醉汉说出了心中的苦楚。很多时候，人们往往会因为太压抑而导致心理扭曲，但只要能够及时给予他们宣泄的通道，也许情绪就会恢复平静。老人没有采取以恶制恶的方式惩罚醉汉，反而以宽容的话语打开了男人的心扉，使其情绪得到舒缓，内心恢复平静。不得不说，这是一场绝佳的情商课，为我们每个人展示了情商的巨大魔力。

需要记住的是，情商与智商并非彼此对立。现实生活中，很多朋友总是凭借自己的高智商唯我独尊，处处只考虑自己的感受，却忽视别人的感觉。实际上，智商高的朋友也同样需要高情商，倘若智商和情商都很高，那么一定会拥有非常美好的未来。尤其是对于那些善于运用情商面对生活和工作的人而言，他们就像是知晓了一门艺术，也掌握了通往艺术之美的世界的途径。

高情商是成功的必要条件

每当看到雄鹰在苍茫的天空中飞翔，你的心是不是也随之起伏不定、心潮澎湃呢？的确，每个人都梦想着长出一双翅膀，这样我们的人生才能变得无拘无束，我们也才能随心所欲地到达任何想去的地方。毋庸置疑，成功的人生就像是长出了一双翅膀，金钱和权势可以给人生打开更大的空间，成功的经验和经历也使我们的目光变得更加犀利，心智也更加健全。由此可见，渴望成功的人生，必然离不开这样一双翅膀。那么，如何才能拥有这样的翅膀呢？

很多人在影视剧里看到扮演律师的演员们在法庭上唇枪舌剑，看到那些扮演警察的演员们身手矫捷，或者看到那些扮演舞者的演员们身姿婀娜，都会心生羡慕。的确，这些影视剧所塑造出来的完美角色，也都像是长出了翅膀一样变得随心所欲，无所不能，让作为观众的我们看了之后心驰神往：假如我们也如此优秀，在各种场合如鱼得水，那该多好啊！尤其是那些侃侃而谈的律师，他们会征服所有人的心，甚至把现实生活中的律师也定义为这样的角色和表现。其实，要想让人生长出翅膀，除了需要超强的业务能力之外，更需要超高的情商。不管是在生活中，还是在职场上，随着社会的发展和各种竞争的日渐激烈，人与人之间钩心斗角的事情变得越来越常见。在这种情况下，所谓的书呆子，或者高分低能者，都无法很好地适应社会的要求。

在读初中的时候，丝丝就因为在学习上积极主动，得到了所有老师的交口称赞。尤其是在初三复习阶段，很多同学对老师布置的繁重作业采取拖拖拉拉的态度，经常不能按时完成作业。唯独丝丝，不但对老师布置的繁重作业毫无怨言，还会经常提前完成老师布置的作业。有一次，老师布置作业时看到丝丝早已认真地完成了作业，因而特别给予丝丝特权：“以后，丝丝可以自由决定完成多少作业。如果觉得自己应该抄写五遍，那就抄写五遍，不用管老师让抄写八遍还是十遍。如果丝丝觉得自己已经完全掌握了，就可以一遍也不抄写。这是丝丝的特权。”听到老师的宣布，同学们简直都惊呆了，教室里一片唏嘘声。后来，丝丝非但没有少写任何作业，反而更加积极主动地完成作业，自主复习，最终考取了好成绩。

后来大学毕业走上工作岗位后，在大学里学到了真才实学的丝丝依然英雄不改本色。她在工作中肯钻研，不管遇到什么难题都会主动解决，很少把问题搁置起来。进入公司一段时间后，丝丝发现公司因为业务往来的关系，经常需要找翻译公司翻译资料。为此，她想到自己大学时英语还不错，因而也开始试着为公司翻译资料。有一次领导特别着急翻译一份文件，当天晚上就需要用，临时找翻译公司肯定来不及了，所以丝丝自告奋勇："领导，把这份文件交给我翻译吧。"领导有些迟疑："这……行吗？"丝丝笑了，说："其实，上次您交给我的文件也是我负责翻译的，并没有找翻译公司，不信您可以去财务室问问，我没有报销最后一次的翻译费用。您就放心吧！"听到丝丝这么说，领导就像抓住了救命稻草一般，说："那可太好了！真没想到，丝丝居然如此有才呢，看来必须委以重任！"当天晚上，丝丝早早地就翻译好文件交给领导了。后来，领导考虑到找翻译公司不方便，索性把所有的翻译工作都交给丝丝处理，随着公司的发展，在公司成立外联部门的时候，丝丝理所当然成为主管。

在这个事例中，丝丝无疑是个高情商的职场人士。她敏感地意识到公司长期需要翻译，因而主动提升自己，从而使自己发挥雪中送炭的作用时得到领导的赏识和重用，这可比平日工作中给领导锦上添花的效果好多了。也因此，她的职业生涯一帆风顺，她也很快因为公司业务拓展，成为外联部门的主管。

朋友们，高情商表现在很多方面，通常情况下，高情商的人往往能够先人一步，想得更多更长远，也因为未雨绸缪，所以遇到事情能够表现出更深的谋略，不会因为事发突然而惊慌失措。当我们时时留心，处处留意，提高自己的情商，人生也就会像是长上了一双翅膀，变得更加顺遂。

迷人的声音，让你迅速抓住对方的耳朵

与任何人交流，我们都离不开声音的帮助。假如这个世界变成无声的，也就会瞬间变得苦涩而又沉重。悄无声音的寂静固然能够帮助我们思考，但是如果没有声音的存在，寂静就会变成死寂，人的深刻思想也因为没有碰撞和交融，

而渐渐变得肤浅，失去生命的活力。声音，是整个世界的生命之源，为世界带来了无限生机，是绝不可缺少的。

其实，声音的作用不仅仅是传情达意，也可以作为情绪的载体来表达情绪。有的时候，我们会在生活中伪装自己的情绪，如原本很生气，但是出于种种原因并不能明确表达自己的愤怒，而这时声音就会出卖我们的真实心意，透露我们内心深处真实的想法。声音很难掩饰，从这个角度而言声音是真实的。与每一个个体都是与众不同的一样，声音也是完全独特的，每个人都有自己特殊的音质和音色，这种特点使我们区别于他人。

学过物理学的人都知道，声音是以声波的形式传播的。曾经有科学家专门对声波进行过研究，最终发现人们在不同的情绪状态下，发出声音的声波形式是不同的。从而可以看出，对于每个人的情绪而言，声音就像是一种密码，懂得如何解开这个密码的人，也就掌握了透过声音洞察情绪的秘密。

高中毕业后，王刚就进入艺术类院校学习声乐。一则是因为他的学习成绩并不出色，二则是因为他的确比较喜欢音乐。为此，父母将计就计，索性支持他学习声乐。

凭借着兴趣爱好奠定的基础，王刚对于声乐的学习进步很快，那些基本知识和基本功，他很快就掌握了。然而，王刚在进入大四阶段的学习时，不管再怎么努力，进步都不明显，甚至有些停滞不前。面对这样的困境，王刚很着急，每天都勤学苦练，却依然于事无补。无奈之下，王刚只好去请教声乐老师：如何才能把一首歌唱得酣畅淋漓呢？声乐老师了解了王刚的烦恼之后，说：“你呀，其实对于基本功已经掌握得很扎实了。不过你有一个问题，即你的情绪始终不到位，所以你只能算是一名唱匠人，而不能算作是一名合格的歌者。比如你唱悲伤的情歌，总是无法让人感受到悲伤的意味。假如你能谈一场恋爱，再经历失恋，也许就会有与众不同的感受。不过你唱感恩父母的歌曲倒是别有韵味，也许是因为你很孝顺。总而言之，你必须丰富和充实自己的情感，不然就很难唱出感动来。”声乐老师的话给了王刚很大的启示，于是王刚四处找来关于爱情的作品并认真品读，沉浸其中，一段时间后，果然在情歌上有所长进。

一个歌者之所以能用自己的歌声感天动地，就是因为他们始终沉浸在浓郁的情绪之中，不但感动了自己，也感动了别人。倘若一个人对于自己所演唱的歌曲没有任何情感上的共鸣，那么他们就很难把歌曲演绎得淋漓尽致。事例中的王刚正是由于缺乏感情，所以歌声始终不能打动人心。其实，不仅仅唱歌需要投入感情，包括说话也是需要有感情的。

作为人与人之间沟通的载体，声音不仅能够帮助人们传情达意，也能帮助人们表达情绪。只要我们多多用心，就会从声音之中听到他人真实的内心世界，从而更好地了解他人，走进他人的内心深处。

交谈之前做好准备，掌握沟通节奏

从关系的远近亲疏来划分，我们与他人之间的关系可以分为陌生与熟悉。再按照熟悉的程度来划分，又可以分为一般的熟悉和亲密无间的熟悉。当然，我们和熟悉的人交往是得心应手的，因为我们已然了解了对方的脾气秉性和兴趣爱好，因而交往会水到渠成，也令人愉悦。但是如果和陌生人打交道呢？为了让交往也能水到渠成，使人愉悦，我们在与陌生人打交道时，如果是有计划地与陌生人见面，一定要提前做好准备工作。例如，有些人因为工作原因与客户见面，那么完全可以在见面之前先了解与客户相关的信息等，这样见面时就会更加自然，也能够根据客户的脾气秉性，调整交往的节奏和频率。

作为一名保险推销员，豆丁的业绩在公司里始终名列前茅，而且很多其他同事搞不定的大客户，他也能够马到成功，最终顺利签约。豆丁到底掌握着怎样的秘密武器呢？同事们都很纳闷，但是每当他们问豆丁，豆丁总是谦虚地笑笑，因此豆丁的秘密武器也就成了谜。

随着业绩的节节攀升，豆丁最终得到提拔，成为销售部门的主管。为此，他新官上任三把火，刚刚上任的第一天就召集下属们开会。在会上，豆丁与下属们分享了销售的秘密：“其实，大家一直以来都想知道我是如何搞定那些看似难以接近的大客户的，也是因为工作忙碌吧，始终没有机会和大家好好分享。现在，我就借此机会把杀手锏分享给大家，希望大家都能以此打开销售的新局面。”

“众所周知，越是大客户越难以接近，尤其是我们的生活与他们的生活根本不在一个水平线上，因而如果仅靠见面之后瞎猫碰死耗子的方法去聊天，是基本没有共同语言的。我的秘诀就是提前了解他们。这些大客户都是有头有脸的人物，或者是大企业的负责人，或者是这家创业公司的老板，总而言之，只要我们想打听，总是能够通过各种渠道搜集到关于他们的信息。如此有的放矢，还害怕不能成功签下他们吗？比如有一次我与一个大老板打交道，在正式见面之前心里也是发怵的，后来我通过他们公司的前台知道这个大老板喜欢打高尔夫，因而决定深入研究高尔夫，就从高尔夫下手。在此之前我从未打过高尔夫，为了以防万一，我还专门花钱去一个球场练习了呢！果然，见面之后这位大老板态度冷漠，但是当我说起他在某个高尔夫球场的惊人成绩时，他马上对我亲近起来，甚至后来还与我称兄道弟。借助于高尔夫，我走进了他的生活，也打开了他的心扉。任何人都有自己的兴趣爱好，我们最好在这一点上提前准备，有备无患。”

听了豆丁的分享，下属们全都觉得如同拨开云雾见月明，受益匪浅。果然，在豆丁的调教下，大家对于客户情绪的把握越来越好，签约自然也就水到渠成了。

人是感情动物，每个人都是有感情的。在与陌生人接近的时候，假如你想打开他的心扉，就一定要说些让他感兴趣的话。唯有如此，才能感动他，让他感受到你的用心和真诚，从而对你的态度也变得友善。就像事例中的豆丁，恰恰是从大老板的兴趣爱好入手，再加上准确说出了大老板此前的骄人成绩，因而马上就消除了大老板对他的戒备心理，使得接下来的交流变得非常融洽。

朋友们，人是群居的，我们每个人每天都要与形形色色的人打交道。尤其是作为职场人士，更是需要在奔波忙碌之中与他人搞好关系，为自己事业的飞黄腾达奠定基础。不如也学习豆丁的方式，在正式接触之前先做好关于“陌生人”的功课，这样一定能够使交往达到事半功倍的效果，也会让自己的人际关系越来越好。

将心比心，站在对方的角度思考问题

所谓画虎画皮难画骨，知人知面不知心。人与人之间隔着千山万水，即便跨越了千山万水，还隔着两层肚皮呢，因而人们彼此之间很难真正做到肝胆相照，绝对信任。然而对于人来说，信任又是人们交往的基础，如果没有信任，交往就如同在冰上行走，举步维艰。在这种情况下，如何才能尽快打开他人心扉，走进他人心里，与他人友好交往呢？凡事都没有捷径，如果说人与人之间拉近距离有什么好方法的话，那就是设身处地为他人着想。

生活中，我们常常美其名曰为他人着想，殊不知，我们所谓的“想”都是从自身出发的，根本没有真正从主观跳脱出来，站在他人的立场上思考问题。所谓的设身处地，就是设想自己处于对方的情境中，把自己想作对方，再扪心自问自己会怎么做。“如果我是他，处在他的处境，我会如何做？”尽管这样做也无法真正设身处地，但是却能够在一定程度上摆脱主观。

有的时候，别人所经历的事情对于我们而言是完全陌生的，因而我们再怎么设身处地，也无法感受到对方的心情。在这种情况下，我们不妨假设情境，这样也能起到良好的效果。总而言之，人们总是本能地从主观出发、从自己的角度出发来考虑问题。要想接纳他人，理解他人，我们就必须站在他人的角度，为他人着想，以他人的利益为出发点，这才是真正的设身处地。

对于爸爸的选择，梦瑾是很难理解的。梦瑾的妈妈刚刚去世一个月，梦瑾和妹妹还沉浸在失去母亲的痛苦之中，爸爸就开始在乡亲们的介绍下相亲了。据说对方是个寡妇，比爸爸小六岁，有一个儿子一个女儿，都已经结婚成家了。所以这个寡妇现在也是独自生活，爸爸还比较心动。

远在北京的梦瑾从电话里得知爸爸相亲的消息，心如刀绞。妈妈才刚刚去世一个月啊，爸爸就这么迫不及待吗？明明看到爸爸在妈妈即将离开人世的时候，也是百般不舍啊，为何在短短的时间内就变了呢？梦瑾痛哭了一场，还向老公诉说了心中的委屈。老公听了梦瑾的讲述，说："你不觉得这一个月来爸爸更是承受着难以忍受的孤独和痛苦吗？妈妈去了，就在他们日日夜夜一起生活了三十多年的房子里。那个房子里的每一个角落，就算是院子里老树的树影下，都有妈妈的身影啊，他该是多么孤苦地度过了难熬的这一个月。儿女们都大了，虽然他还有你和妹妹，但是你们都有自己的家，有自己的生活，他根本不愿意来打扰你们。我想，他着急续弦，一则是为了自己摆脱孤苦，二则也是为了咱们不牵挂和惦念他。毕竟少年夫妻老来伴啊，你说呢？"老公的话让梦瑾陷入沉思，的确，爸爸曾经那么坚强，任何时候都不愿意拖累儿女，现在又怎么会来到北京给他们增加负担呢！想到这里，梦瑾尽管万分思念妈妈，也还是无奈地接受了事实。

对于亲生的爸爸，梦瑾也有很多不甚了解的地方。殊不知，对于她和妹妹而言的确失去了最疼爱她们的妈妈，但是对于和妈妈朝夕相处的爸爸而言，就像是失去了生命。此时此刻，孤苦的他像是一个溺水的人那样，着急地想要抓住一些什么，让家里空荡荡的院子不再死气沉沉。在老公的启发下，梦瑾切实地站在爸爸的角度考虑，并且最终想明白了这个问题。

生活中，无论我们再怎么设身处地，也无法真正地感受到他人的感受。因而所谓的设身处地，只不过是帮助我们更加理解他人罢了。当我们真正放下自己，不再从主观的角度来揣度他人，那么理解他人就会变得更加容易一些。唯有理解，我们才能发自内心地接纳他人，也才能与他人建立亲密友好的信任关系。

第2章　高情商社交法则：观察时机，有效沟通

情商高的人都是很善于沟通的，他们在人际交往中往往是如鱼得水，游刃有余的。这都得益于他们高超的沟通技巧，所谓巧舌如簧，尽管高情商的人未必能言善辩，但是却可以把每句话都说到他人的心里去。唯有如此，才能真正做到对人动之以情，晓之以理，从而做到把人际关系处理得圆润通达，也帮助自身积累更加丰富的人脉关系。由此可见，对于每个人而言，提升沟通能力都是十分重要的，对于生活和工作也都是非常有好处的。

一开口就打动人心

常言道，说得好说得人笑，说不好说得人跳。很多时候，同样的一句话由不同的人说出来，或者同样的一句话由相同的人以不同的口吻说出来，效果可能是完全不同的。然而，说话是人的本能，不管我们的语言表达能力是高超还是低劣，都不能改变我们每天都需要与他人交流的现状。因而，我们必须认真钻研说话的艺术，努力争取把话说好，把每句话都说得打动人心，说到他人的心里去。

每天我们所经历的事情都是完全不同的，事情的性质、急迫程度等，都各不相同。在这种情况下，说话也要因时因势而随时改变，从而才能符合实际情况，做到顺势而为。遇到着急的事情，如果你还继续慢慢吞吞地说，非得把听话的人急死；遇到重要的大事，你还非要以漫不经心的语调说，说得人分不清楚真假，也会让人不知所以，甚至还会耽误大事；遇到微不足道的小事，与其横眉竖眼，不如面带微笑，说完即可，或者如果不是必须，也可不说；遇到无中生有的事，一定要谨记教诲，让谣言止于智者，千万不要以讹传讹，导致人

心惶惶……除此之外，还要注意说话的方式，把话说得好，才能起到预期的效果，否则就会导致事与愿违。

在美国，有个老头有三个儿子，他的大儿子和二儿子都已经成家立户，从大家庭里独立出去过自己的小日子了，只有小儿子还在父亲身边，和父亲相依为命。

有一天，有人问老头：“老人家，可以让您的小儿子和我进城工作吗？”

老头非常生气，当即拒绝：“不行，你快滚！”

那人又问：“那么我给您儿子找个城里的媳妇，如何？”

老头把头摇得像拨浪鼓一样：“不行，不行！”

那人接着问：“要是我给您推荐的儿媳妇，是石油大亨洛克菲勒的女儿呢？”

老头沉默不语，似乎有些动心。

几天之后，那人给洛克菲勒打电话：“洛克菲勒先生，我想为您的女儿介绍男朋友，如何？”

洛克菲勒毫不客气地说：“滚吧！”

那人继续说：“如果我介绍世界银行的副总裁当您的女婿，您意下如何？”

洛克菲勒当然同意了。

没过几天，那人去了世界银行，面见总裁：“总裁先生，我想向您推荐一个副总裁人选！”

总裁马上说：“我不需要副总裁。”

那人说：“假如我向您推荐的人是洛克菲勒的女婿，您可以考虑马上任命他当副总裁吗？”

总裁先生不假思索地同意了。

当然，这个故事一定是不真实的，但是它为我们揭示的道理却很深刻。某种意义上，如果能够恰到好处地运用语言，人们就能借助于语言创造奇迹。这个故事告诉我们，沟通的力量非常强大，只要能够把握好时间和节点，沟通就会产生出人意料的效果。当然，把话说好也是很重要的，这个故事之所以逻辑贯通，就是因为说话的那个人挑起了三方的兴趣，并且实现了他们之间的准确对接。

把话说好，往往会给我们带来意外的惊喜。好话如果不能好说，则只会使人们之间产生误解，导致人们彼此误会，甚至是相互仇恨。由此可见，通晓语言的技巧，发挥语言的魅力，对于人际交往和沟通是至关重要的。

把话说到他人心里

很多人都不能恰到好处地表达自己，有的时候他们明明想表达某个意思，却说着说着说偏了，导致自己的意思遭人误解，也与他人之间心生嫌隙。尤其是在安慰和劝说他人时，原本是出于好心，可是一旦词不达意，就会导致好心被当成驴肝肺，也许还会因此遭到他人的抱怨和指责，可谓遗憾。一个拥有良好语言表达能力的人，总是能够把话说得恰到好处，说到他人的心里去。这样一来，才能打动人心，也能实现与他人之间的良好沟通和互动。

有些人知道自己的短处，渐渐变得沉默，然而这样做并非是有效的解决办法，每个人每天都需要与他人交流，通过沉默的方式避免说错话只是暂时回避问题。与这些人恰恰相反，有些人明明知道自己不能很好地表达，但是他们却非常“健谈”，整日滔滔不绝，口若悬河。在这种情况下，得罪人是必然的，可他们却毫不自知，或者不以为然，这也直接导致他们的人际关系恶化。中国汉字博大精深，要想把话说好，首先要拓展自己的知识面，当你变得学识渊博，面对那些出口成章或者满嘴成语典故的人，理解起来也会更加顺畅。此外，我们还要学会设身处地，站在他人的角度考虑问题，这样才能更好地了解他人，理解他人所说的话，从而使我们自己说出的话也更具有针对性，做到有的放矢。

大学毕业后，晓雪进入一家公司成为市场调查员。她的工作内容主要是通过与人沟通来调查消费者的需求和喜好，从而为公司产品的研发提供市场方向。然而，晓雪是一个非常腼腆的女孩，不管什么时候，总是非常害羞。尤其是让她走上街头调查陌生的消费者，这对她而言是巨大的障碍，她总是不知道如何开口，更不知道怎样与潜在的顾客顺畅交流。

记得第一次走上街头进行陌生调查时，晓雪好不容易才鼓足勇气和一个行色匆匆的人打招呼，使其停下匆忙的脚步，但是晓雪却完全忘记了自己想要说什么，更没有自我介绍，磕磕巴巴很长时间之后，才说："您想买洗发水吗？"如此一来，那人把她当成了行销的，还误以为她是骗子，就马上走开了。后来，晓雪和经验丰富的前辈交流，才知道进行市场调研，一定要第一时间打消他人的疑虑，得到他人的信任，而如果无法在最短的时间内流畅进行自我介绍，说出自己的目的，表明对他人无害，是不可能做到这一点的。晓雪勤学苦练，一有时间就去街头进行调研，并且磨炼自己的意志，提升自己与他人沟通的技巧。果然，半年之后，晓雪对工作越来越得心应手了。

因为紧张，晓雪在第一次进行市场调研时，居然不知道自己应该说什么，最终词不达意，引起了对方的警觉，这次调研也以失败而告终。幸好，后来晓雪在前辈的指导下意识到问题的所在，因而勤奋锻炼，努力提升自己，最终才对工作内容越来越熟悉，与他人的沟通也水到渠成。

从本质上来说，词不达意是一种交流障碍。试想，假如一个人不能很好地表达自己的意思，还如何与他人进行到位的交流呢？词能达意，是一切交流的基础和先决条件。离开这个先决条件，任何沟通都会事倍功半，甚至是无效的。

注意观察，把握对方的情绪

生活中的很多情境都是非常复杂的，单纯的语言未必能够恰到好处地表达我们微妙的意思，在这样的情况下，我们其实还可以借助其他的语言形式来进行表达，如表情语言、身体语言等。也有的时候，我们不能直截了当地表达自己的内心，那么也可以借助于身体语言，委婉隐晦地表达自己的意思，从而避免针锋相对的尴尬。

所谓身体语言，也叫肢体语言，顾名思义，就是人们利用身体的动作表达的“语言”。在使用身体语言的时候，虽然人们并没有发出任何声音，但是却能表达很多复杂的意思，尤其是很多微妙的无法用语言明确表达的意思，身体语言都能很好地表达出来。不过，因为身体语言有很多是无意识的，能够在我们潜意识的驱使下表达我们的真实想法和心愿，所以身体语言也会于不经意间出卖我们的内心。当然，凡事有利也有弊，当我们想要了解他人的真实想法时，不如也把身体语言作为语言表达的补充，通过观察他人的身体语言，了解他人的内心世界。这是因为语言是可以伪装的。例如，人们完全可以说些口不对心的话，或者出于某种目的，改变自己的语言表达。但是身体语言则不同，身体语言有时不受人们意识的控制，从而做出最切合心意的表达。在这种情况下，你会发现身体语言总是能够出卖人们的真心，让人几多欢喜几多愁。

这次，张总代表公司远赴美国进行谈判，主要针对和美国公司的合作问题达成共识。不想，谈判进行了两天半后，依然有些僵持，没有明确进展。眼看着三天之期就要到了，张总决定使出杀手锏，试探美国公司的真心，把合作在这仅剩的半天时间里敲定。也许这看似不可能，但是张总却破釜沉舟，不愿意继续毫无意义地耗下去，而要快刀斩乱麻。

当天中午，吃完午餐稍事休息之后，谈判继续进行。刚刚开始半个小时，张总就借口出去接电话，回来的时候改变了自己的座位，坐在了靠门口的位置。眼见对方代表还是坚持利益不愿意做出任何让步，张总表情轻松地说：“虽然我们远道而来，你们是东道主，不过生意不成仁义在，今天晚上就由我们做东，大家好好吃喝玩乐吧，也算是临行前的告别。”看到张总坐在靠门口的位置，且又说出这样的话来，对方的负责人不由得着急起来。原本他们是想借着天时地利，好好压一压张总的条件，却没想到张总居然准备结束谈判。尽管张总没有明确说出来，但是他从张总换座位、对着门口的动作上，也已经捕捉到确凿无疑的信号。为此，对方负责人赶紧说：“张总，不要气馁嘛，既然是谈判，肯定要不停磋商。这样吧，你们远道而来，我现在就去请示老总，看看能否做出让步，使我们的谈判前进一步。”最终，对方负责人一改懈怠的态度，非常积极，因而居然在下午就成功结束谈判，达成合作协议。不得不说，这都是张总恰到好处地运用身体语言的功劳啊！

在这个事例中，张总深谙肢体语言的传情达意功能，因而虽然没有明确用语言表示结束谈判的意愿，但是却通过肢体语言向对方释放出明确信号。果然，对方负责人也是谈判高手，马上就嗅到气息，因而一改懈怠的态度，转而积极起来，由此推动谈判向前发展。不得不说，这不仅是语言上的博弈，也是心理上的博弈，更是肢体上的博弈。虽然彼此没有身体的接触，但是却高下立分。

朋友们，当你们在与他人交往的过程中感到吃力时，或者因为碍于面子有些话不好直接说出口时，不如采取肢体语言的方式，微妙委婉地表达自己的意思。这样一来，既能够表达出自己的真实意思，也能给彼此的交流留下回旋的余地，还能顾全对方的颜面，可谓一举三得。

注重细节，及时掌握心理动态

在与他人交谈的过程中，粗心的人甚至不知道他人所说的是何意思，细心的人却能够从他人的言语之间掌握自己想要得到的信息，也能够敏感地体察他人的情绪改变，从而及时掌握他人的心理动态。举个简单的例子，假如一个人原本正在以正常的语速说话，突然之间声调变调，语调放缓，那么一定说明他情绪发生了改变，或者心中有所思量。反之，倘若其语速突然变快，那么则说明他的情绪变得激动紧张，或者试图掩饰什么。总而言之，我们在与人交谈时应该以敏锐的观察力洞察他人的内心，这样才能避免忽视他人的心理变化。

当然，除了通过语速的改变来洞察他人的内心之外，我们也可以观察他人的坐姿，如与你靠近坐的人心理上也会与你很亲近，背对着墙壁或者窗户而面对入口坐的人心理上会占据一定优势，整个屁股都坐进椅子里的人很自信，只坐三分之一椅子的人心中紧张不安，而且有些自卑的倾向……这是通过坐的姿势来观察人们潜意识的心理。此外，还可以观察对方的肢体语言、表情动作等，这些都能够使人得到更多的收获。总而言之，作为交谈的一方，我们必须非常敏感细腻，才能最大限度地洞察他人心理，帮助自己更加深入地了解他人，也使彼此的关系更加和谐融洽。

原本，老师并没有发现晓萌的异常，只是像往常一样通过晓萌这个班长了解班级其他同学的情况。但是不想，晓萌在听到老师提起张凯时，原本平静的语调突然间变得紧张起来，甚至嗓音都有些颤抖。老师很纳闷，看着晓萌，似乎想要从晓萌脸上窥探出什么秘密来。这时，晓萌的目光游移不定，躲躲闪闪，生怕被老师看破。作为一名初中班主任，老师敏感地意识到晓萌和张凯之间也许有一些小小的问题。

和晓萌谈话结束后，老师去了班级的教室，装作若无其事地和几个女生聊天。果然，风言风语很快就从女生的口中说出来，原来晓萌和张凯正在早恋啊！这两个人都是班上的尖子生，老师可不想让他们在学习上出什么差错。为此，老师非常谨慎地对待这个问题，先是装作毫不知情，接着又采取委婉和隐晦的方式分别给他们做工作，总算帮助他们圆满渡过了危机。

在这个事例中，作为初中班主任，老师是非常敏感的。因而在发现晓萌听到张凯的名字后声音出现异常时，她马上佯装无事，避开话题，然后又从同学们口中了解真相，最终委婉地旁敲侧击，这才算成功解决了早恋危机。

在交谈的过程中，我们的一举一动、一言一行都会暴露我们内心深处的秘密，因而我们必须非常小心，才能保护心底里的秘密不被他人窥探，也才能以敏锐的触角触碰到他人内心深处的秘密。任何情况下，都不要觉得交谈可以漫不经心，只要你时时处处留心，交谈总会带给你意想不到的收获。

通过肢体语言判断对方的真实想法

很多人粗浅地认知说话，觉得说话无非就是凭着三寸不烂之舌，上下嘴皮子动一动的事情。殊不知，说话并非我们看到的那么简单，倘若用心琢磨，你会发现说话其实是一件很复杂的事情。

说话绝不仅仅是嘴巴能够一力承担的事情。说话的时候，我们不仅要动嘴皮子，为了起到最好的效果，说话时更需要借助于肢体的力量，甚至有些说话富于感染力的人，还会手舞足蹈，表情也极其丰富。用一句话概括，这就是说话的姿势。不但每个人说话的姿势不同，即使同一个人在说话时，也会因为情境的改变而采取不同的说话姿势。假如我们能够细心观察，就会从这些大幅度或者细心的，甚至是不易觉察的动作中，最终得到大发现。

如果你曾经看过演讲比赛，你就会发现最终的获胜者并非是那些口若悬河、长篇大论、滔滔不绝的人，而是那些激情澎湃、精神昂扬亢奋的人。这是因为他们深谙说话之道，知道仅仅说好是远远不够的，还要能够通过手势、表情，甚至是手臂和全身的大幅度动作，来表现自己的慷慨激昂，从而也调动听众们的情绪，使现场的气氛变得热烈起来。所谓说得好不如做得好，假如能够把说得好和做得好结合起来，我们的语言才会铿锵有力，打动人心。

当然，对于说话姿势的研究并不仅仅对我们表情达意有作用，而且对我们了解他人也很有作用。在与他人沟通的过程中，如果你不能准确无误地领悟对方语言表达的意思，那么就可以通过敏锐的观察力，认真研究对方的说话姿势，包括面部表情、肢体动作等，这样就能事半功倍，更加深入准确地把握对方的心思。由此，对我们的人际交往也会起到极大的推动作用。

最近，老陈承担了一个大项目，因为有很多事情拿不准，所以常常去请示总经理。刚开始时，总经理还觉得老陈很敬业也很认真，时常前来汇报，遇到事情也能积极解决。然而，随着老陈汇报次数越来越多，总经理有些不耐烦了。

有一日，老陈又去汇报工作，总经理听着听着，突然摘下眼镜，丢在桌子上，并且双臂环抱在胸前，身子依靠在老板椅上，往后倾斜。老陈意识到总经理的厌烦，赶紧结束汇报，离开总经理办公室。从此之后，他遇到问题尽量自己解决，除非万不得已才打扰总经理。

老陈也是能够读懂肢体语言的，所以他才会在总经理摘下眼镜扔到办工桌上，双臂环抱在胸前并且靠在老板椅上之后，马上意识到总经理内心的厌烦，因而赶紧结束汇报，以免总经理真的突然爆发出来，导致事情恶化。

人在厌烦的时候，会有很多的表现，如一声不吭，或者接连不断地点头，或者双臂环抱在胸前，当然戴眼镜的人还会通过“扔”眼镜来表达内心的不满。在与他人相处过程中，尤其是交流时，我们一定要非常敏锐地观察他人的说话姿势，这样才能更加深入地捕捉到他人内心的细小变化，从而也可以及时调整自己的思路和言谈，使人际关系更加和谐融洽，也帮助自己建立良好的人脉资源。

含蓄委婉，话说一半对方更易接受

很多人性格暴烈，说起话来也如同连珠炮一般噼里啪啦炸个不停。虽然他们自己知道是性格使然，也清楚自己并没有恶意，但是听他们说话的人未必能够接受这样的方式，或许还会对他们产生误解，导致人际关系恶化。

生活中总是会发生各种各样的事情，与其和他人针锋相对，不如改变说话的方式。所谓与人为善，与己为善。对于那些和自己有纷争的人我们尚且应该怀着友善宽容的态度，更何况是对那些与我们交好的人呢！偏偏有些人，不但对仇人横眉冷对，对自己身边的亲人、爱人，也总是颐指气使，说起话来就像机关枪。既然好好说也是一句话，恶言恶语地说也是一句话，我们为何不能温柔委婉地好好说呢？很多时候，虽然你并非因为讨厌对方才这样，但是给人的感觉就像是你与他人之间有着不共戴天的深仇大恨。

虽然人与人相交在于心意，但是任何人之间交往的形式也是很重要的。不恰当的交往形式，只会让我们彼此之间更加生分，还有些原本相爱的人就因为总是冷言冷语地伤害彼此，情分渐渐地也就淡了。表达的方式，尤其往往给人以直观感受的语气是很重要的。如果你经常外出吃饭，就会发现挨着的两家饭店也许一家门庭若市，另外一家却门可罗雀。在菜品、价格、地段等都相差无几的情况下，区别只在于老板和老板娘是否友善热情。

作为一名职业女性，小敏对于儿子总是缺乏耐心。这天晚上小敏加班回到家里，看到儿子正坐在电视机前看电视，而丈夫则正端坐在电脑桌前玩游戏，为此她马上问：“小鱼，你的作业完成了吗？”小鱼胆怯地说：“还没有呢，还有一点点！”小敏马上火冒三丈：“你作业没写完看什么电视，这都九点了，准备什么时候写呢？这么大个人了，一天到晚看电视，也不怕把眼睛看瞎了。”说完儿子，小敏又开始数落老公：“你一天天就跟个大爷似的，除了吃喝拉撒、上班、玩游戏，你还为这个家做过什么？都九点了，你不知道督促孩子写作业，让他早点洗漱上床睡觉吗？我这辈子找了你真是瞎了眼了，你到底是不是个男人？”在刚开始时，丈夫尚且能够忍受，但是当听到最后一句话时，丈夫也不由得火冒三丈：“我怎么不是男人了？倒是你要好好看看自己，到底是不是个女人？哪个女人像你这样，比泼妇还泼妇，张嘴从来没好话！”小敏也正在气头上呢，再加上工作那么辛苦才回到家，就这样，一场家庭大战爆发了。

在这个事例中，小敏原本可以采取另一种方式提醒儿子赶紧写作业、洗漱休息，也可以以撒娇的方式让老公去监督孩子，但是最终因为小敏的一番连珠炮，使得家庭大战突然爆发，谁都失去了一个美好安静的夜晚。

不可否认，生活中总是有各种各样的不如意，当感到心烦意乱的时候，我们一定要学会控制自己的情绪，千万不要把所有的不满和抱怨都一股脑地发泄到他人身上。否则，我们的生活就会变得更加糟糕，事情也无法得到圆满和平的解决。所谓良言一句三冬暖，恶语伤人六月寒，就让我们都成为给人带来温暖的人吧，千万不要因为一时气结就语出伤人，导致事情变得越来越糟糕，人际关系也受到极大的损害。

第3章　高情商理论基础：让你的言谈更有逻辑性

一个人口语表达能力的高低取决于其逻辑能力的强弱，如果你想提高自己的口语表达能力，那只能先提高自己的逻辑思维素质以及能力。比如说话中存在的，如条理不清、语言干瘪、无话可说等现象，这都属于逻辑的范畴。

乒乓球定律：营造双向性的沟通氛围

生活中无时无刻不需要沟通，所谓沟通，指的是人与人之间、人与群体之间思想与感情的传递和反馈的过程，以求思想达成一致和感情的通畅。从沟通的定义中，我们也看到，沟通一定要是双向的，这就好比两个人在打乒乓球一样，你在把球打出去的同时还能让对方打回来，这样一来一往，才能够算得上是真正成功的交流。

这就是口才逻辑定律中的乒乓球定律。乒乓球定律告诉我们，沟通是双向的，我们在与人谈话的过程中，要想获得好的沟通效果，就要营造好的沟通氛围。

我们先来看看下面这个故事：

有这样一个小男孩，他的工作就是替人割草。一天，他叫来他的朋友，给了这位朋友5美元，希望他能打电话给一位老太太。

电话拨通后，男孩的朋友开始按照男孩事先吩咐的顺序问："请问您需不需要割草？"

老太太回答说："谢谢，不需要，我已经有了割草工。"

"可是，我会帮您额外拔除那些杂草。"

“我的割草工已经做了。”

此时，男孩的朋友还是继续说：“我会帮您把草与走道的四周割齐。”

老太太回答：“我请的那个割草工也已经做了，他做得很好。谢谢你，我真的不需要新的割草工。”

当听到老太太这样回答后，男孩便暗示朋友可以挂电话了。此时，这位朋友很不解地问男孩：“我不明白的是，你明明就是老太太的割草工人，为什么还要打这个电话？”

割草男孩说：“我只是想知道老太太对我工作的评价。”

这个故事的寓意是：沟通是必要的，我们只有打开双方的话匣子，勤与客户、老板或上级领导沟通，才有可能知道自己的长处与短处，才能够了解自己的处境。

事实上，真正有效的沟通一定是互动的，恰好这个互动可以利用当时的环境特点来帮助自己实现。

然而，与人交往的过程中，总是有些人，似乎并不领我们的情，无论我们怎么鼓励，他们似乎都羞于表达，甚至面无表情，在他们的语言词典里，似乎就只有“是”与“不是”，或者“行”与“不行”，让人觉得无法与其攀谈，从而使交际场合显得尴尬。其实，只要我们懂得了说话的技巧，就能够在无形之中慢慢增添几分说话的自信心，找到打开话匣子的钥匙，从而赢得别人的尊重与友谊。

其实，这还是因为我们没有营造出好的氛围，为此，我们可以从以下几个方面努力：

1. 摆脱陌生人情结

如果对方不爱说话，且是陌生人，那么，你不需要特意装模作样，不过也要表现出你的诚意。其实每个人跟陌生人交谈时内心都会不安，但是一定要让自己先放下陌生人情结。这样，与其交谈的时候，才会显得随意轻松，在谈话时要关注对方的表现，如果对方不感兴趣，就得停止你谈的话题了。

2. 拉近关系，更易打开话匣子

1984 年 5 月，美国总统里根访华时来到上海的复旦大学。

当时，里根总统和一百多名学生坐在一间大教室里，气氛有些凝重。为此，里根总统开了个玩笑："其实，同学们，我们还有着很密切的关系呢，以前，我的夫人南希和你们的谢希德校长都是美国史密斯学院的学生，那这样推断，我们也算很好的朋友嘛！"说完这段话，大家给了他热烈的掌声，他成功拉近了与一百多名异国学生的心理距离，使接下来的谈话更加轻松、融洽。

从里根总统的这番话中，我们看到了他平易近人的个性，也感受到了他想与学生们亲近的愿望，于是，这一番话很快便营造出了和谐的交谈氛围。其实，人与人之间，都有个从陌生到相识的过程，只要我们有交往的愿望并主动表达出来，那么，你就可以换来对方的亲近。

因此，我们与人交流前，不妨也学一学里根总统的这种套关系的技巧，拉近彼此间的关系，交流起来就会顺利得多。这里"套"的"关系"，可以是朋友、同学，可以是共同参加过某个会议，也可以是都曾去过某个地方……总之，只要是可能拉近与对方关系的内容都可以。但是，我们还需要注意的是，千万不能提及对方不想提及的内容或者是对方不感兴趣的话题。

3. 重视对方说的每一句话

那些说话妄自尊大，小看别人的人总会引起别人的反感，最终在交往中使自己走到孤立无援的地步。与人沟通，目的在于交流意见、达成共识，只有重视对方所说的每一句话，才能赢得尊重。

4. 懂得倾听，并适时反馈

沟通的过程，并不完全是说的过程。我们有说的权利，但每个人都希望被倾听，这是一种自我价值的认定，而我们的反馈则是倾听的最好证明。因此，只有满足对方说的欲望，才会让人对你产生亲近的愿望。

总之，如果我们能够在沟通中营造一种活跃的氛围，并鼓励对方多说话，就能让对方感受到一种优越感，这样他会更亲近于你。

与人沟通的过程中，让对方多说话，是营造沟通氛围的重要方式，并不会让我们丧失交流的机会，反而会有助于我们达到沟通的目的。

比林定律：学会委婉地拒绝别人

美国幽默作家比林曾说过：“一生中的麻烦有一半是由于太快说‘是’，太慢说‘不’造成的。”这就是著名的比林定律。这一定律告诉生活中的每个人，在与人沟通的过程中，要懂得拒绝别人，一旦因为碍于情面而答应他人，很容易让自己陷入被动的境地。

实际上，学会拒绝是人们进行社会交往所必需的技能要求。世界著名影星索菲娅·罗兰在她的《生活与爱情》一书中，曾记下查理·卓别林与她最后一次见面时，赠送给她的一句忠告，“你必须学会说‘不’。索菲娅，你不会说‘不’，这是个严重的缺陷。我也很难说出口。但我一旦学会说‘不’，生活就变得好过多了”。要想在社交活动中取得成功，学会拒绝是必不可少的。

在别人寻求帮助的时候，热心肠的我们总会在力所能及的范围内给予尽量的帮助。但是，每个人总会有能力达不到的地方，因而面对别人的求助，我们在很多情况下都会感到无能为力，那么在这个时候就要耐心地向求助者进行详细的解释，让对方明白我们并不是不愿意帮忙，而实在是因为心有余而力不足才拒绝的。当对方了解了我们拒绝的原因之后，就不会产生误解，还会被我们的诚意所感动。这样，就会留有继续交往的余地，双方的友谊才可能继续维持下去。如果在拒绝别人的时候只是简单地说“不行”“不可以”之类的话，恐怕就会让求助者觉得你是一个冷血动物，如果对方是一个急性子的人，说不定还会当即给你难堪，让你下不了台。

李林大学毕业后留在了城里，经过十几年的打拼终于有了自己的房子，于是他就把父母接到家里。一个农村娃在城里能够买一套房子，在乡下的邻居们看来就是成功人士的象征。李林很多乡下的朋友来城里的时候经常托李林帮忙，在力所能及的范围内，李林总是尽心尽力地去帮助他们。

有一天，他的两个打工的老乡来到了他的家里，诉说起了打工的艰难。在谈话中，两位老乡一再说城里的旅馆太贵，想租房子一时半会又找不到合适的，言外之意是想在李林的家里住上一段时间。

李林听完之后马上说："是啊，城里毕竟和咱们老家不一样，房子一直比较紧张。就拿我来说吧，拼死拼活十几年才有了这么两间小房子，一家老小挤在一起实在是太紧巴了，我的儿子正在上高三，晚上回来只能睡沙发，连复习功课的地方都没有。你们大老远的从老家赶来，按理说应该留你们住几天的，但是就这么大点儿的地方，实在是做不到啊。"两位老乡听后，明白了李林的难处，就非常知趣地走开了。

对于老乡借宿的要求，李林明确地表示了拒绝，用比较委婉的方式向他们讲出了自己的困境，表示并不是不愿意帮助他们，而实在是家里空间有限，没有办法让他们住下来，两位老乡听完之后，就理解了他的难处，也就不好意思再提出留宿的要求了。

当然，拒绝也是要讲究方法的，告诉对方拒绝的理由时，不能用一种不耐烦或者是找借口的方式去推脱和敷衍，那样的方式会让对方觉得你为人不够真诚，缺乏热心；当然也不能用模棱两可的话来回答别人，比如说些"我想想办法""试试看吧"之类的话，那样的话很可能会让别人觉得你已经答应下来了。在提出拒绝理由的时候，我们要注意以下几点：

1. 明确及时地讲出你的理由

拒绝他人的请求并不是什么见不得人的事情，实在无法答应别人要求的时候，一定要用比较明确的语气来告诉他："实在对不起，在这件事情上我实在是帮不了您的忙，您还是想一下别的办法吧"，一般来说，当别人了解到你的困难之后，就不会再做乞求之类的无用功了。这样，既能为对方寻找其他方法提供时间，同时也不会给自己带来烦恼。

如果拒绝对方的时候含糊其词，对方就无法明白你的真实意思，还会对你抱有希望，把你当成救命的稻草，从而在以后的时间里继续向你求助，搞得你左右为难。这样做，既耽误了别人的时间，同时也给自己带来了麻烦。

2. 委婉地讲出理由，明确地表示拒绝

我们讲的明确及时地讲出理由，拒绝对方，并不是说要用比较严肃呆板的话来对待别人，如果用一些颇具杀伤力的语言来拒绝对方的话，就会激怒别人。一般情况下，在一个人表示求助的时候，他的心里总是很敏感的，能够从比较委婉的话里听出拒绝的意思，然后他就会很识趣地离开，不再去打扰你。在我们委婉地提出个人的理由时，一定要注意，委婉并不是模糊，千万不能给对方留下一丝希望的余地。只有这样，才不会给双方带来伤害。

3. 态度一定要真诚

在拒绝别人求助的时候，一定要注意态度的真诚。当你向对方陈述个人理由的时候，失去了真诚的态度，就会让对方觉得你对他是不屑一顾的，所有的理由不过是借口罢了。只有坦诚相告，才会让对方将心比心，设身处地地去考虑你的难处。

帮助朋友解决问题是我们理所应当的责任，而当我们对朋友的请求爱莫能助的时候，就要在沟通中做到毫不犹豫地拒绝。

波什定律：赞美要合乎情理

我们都知道，语言是人类不可缺少的交流工具，人类的语言从最初的结绳记事发展到现在可以任意抒发自己的情感，记录一切想记录的事情，这是多么伟大的成就，而赞美就是将人类语言运用到极致的艺术之一，如果一个人只是告诉他人："你很漂亮。"那么，对方只会感到莫名其妙，而如果你这样说："你的眼睛很动人。"或者"你有一头乌黑的长发。"很明显，这样的赞美更贴切、具体。

赞美要具体，要道出客观事实，这就是逻辑口才定律中的波什定律。曾任卡内基钢铁公司董事长的查尔斯·施瓦普就说过："我很幸运自己拥有一种能够唤起人们热忱的唯一有效的方法，那就是赞美和奖励。但不要刻意奉承别人，那样反而容易弄巧成拙，招致对方反感。每一句赞美之词，都要发自内心，道出客观事实。"

所以，我们在赞美他人的时候，切记不可泛泛而谈，而应该具体、有事实依据。我们先来看看下面的故事：

宋徽宗写得一手好字，他常问大臣："我的字怎样？"大臣们也纷纷奉承道："您的字好，天下第一。"

一天，宋徽宗问米芾："米爱卿，依你看，咱俩的字相比，如何？"米芾是书法大家，书法当然胜过宋徽宗，倘若说皇帝第一，则必然要委屈自己；倘若夸耀自己第一，则必然得罪皇帝，这还真是个难题。但聪明的米芾灵机一动，说："臣以为在皇帝中，您的字天下第一；在大臣中，臣的字天下第一。"宋徽宗听后心领神会，打心底佩服米芾的机智。

米芾在宋徽宗的为难下毫无惧色，只是在"天下第一"前面加上个限制，就轻松地把问题化解了。可见，要赞美他人，并不是说一定要在遣词造句上用华丽的辞藻，相反，简单平实的语言加上不卑不亢的内涵也能够变得美好，关键还是要看你如何巧妙地运用它。

在我们的生活中，有不少人，他们也尝试用好话赞美别人，并希望可以因此而得到别人的认同，拉近彼此间的关系，但却常常因为不善言辞，每每在表达赞美之情时，语言空洞、乏味、无趣，让人听后昏昏欲睡，甚至让对方心生反感。

那么，我们该怎样避免泛泛而谈的赞美呢？

1. 赞美的话要建立在了解对方的基础上

赞美别人的时候要提前多了解别人，这样你才能把赞美的话说到点子上。例如，你才与对方结识，并不知道对方的情况，就对对方说："一看你，就知道最近发财了。"而实际上，对方的生意做得一直很糟糕，那么，你的赞美自然会被当成耳边风。

2. 赞美别人要拿捏心情

当一个人伤心难过的时候，你的赞美无疑让对方觉得你是在看笑话。比如，有人考试没通过，你却赞美他学习刻苦用功，这不就是在嘲笑对方瞎用功吗？在赞美别人的时候，一定要从对方的语气、神情上判断出对方的心情是否愉悦。

3. 赞美别人要实事求是

听到别人赞美的时候，如果赞美的内容与自己的实际情况相符，那么自己就会很开心。相反，如果赞美的内容与自己的实际情况不符，那么就会觉得别人是在笑话自己没本事。比如，一个人乒乓球打得好，在赞美时，说成是连国家队的主力队员都不是他的对手，对方就会觉得你是笑话他水平太差了。

4. 善于发掘对方"不可见人"的优点

每个人身上都有优点和美，只是缺少发现的眼睛，在平时的工作中，我们要让自己做一个有心人，就一些领导"不为人知"的优点进行赞美，这样肯定能感动对方。

5. 小处着眼

这就要求我们从细微之处下功夫，不要忽略你所发现的对方身上每一件值得赞美的事。比如，你要赞美一个女孩，与其说她的笑容很灿烂，不如说她笑起来时酒窝很迷人。

6. 言辞表达一定要恳切一些

要想表达真诚，最主要的还是在言辞上要诚恳一些、热烈一些。用你内心迸发的热情去感染对方的情绪。比如，在赞美别人的优秀表现时，你要说："你真是太棒了！！"在"太"字上还要加重语气语调，让你浓浓的敬佩之情，通过你热烈的表达传递到对方的心里。

另外，我们需要明白，在交流时，别人会通过你的眼神来甄别真伪。不要逃避和他人的眼神碰触，也不要四处游走，更不要望着天花板和地面，人在说谎的时候，眼神都有这些反应。这样，别人才会感受到你的真诚。

生活中，我们在赞美他人的时候，一定要避免无事实根据的泛泛之谈，要尽量表达得真诚一些，这样才会为你赢得好感。

近因效应：尽量扭转坏印象

生活中，我们常听到人们这样评价别人：“第一眼见他，觉得他蛮不错，谁知道接触下来才发现……”“我还以为他是个木讷的人，其实他和熟悉的人交往的时候还是蛮活泼的。”人们的评价为什么会前后不一？这是因为“近因效应”的作用。而何谓“近因效应”呢？

可能对绝大多数人来说，对“第一印象效应”很熟悉，而对“近因效应”这个词却显得陌生。其实，这个词理解起来并不难。我们明白，不管什么事情，都有着不同的阶段：初段——发生，中段——发展，最后——结尾。

“近因效应”是指交往中最后一次见面或最后一瞬间给人留下的印象，这个印象在对方的脑海中会存留很长时间，不但鲜明，且能左右整体印象。

相信我们都听过“首因效应”，又叫“最初效应”，也即日常生活中所说的“第一印象”。我们可能都有过这样的经历，当有新朋友介绍给我们，甚至面对迎面走来的陌生人时，我们在内心里会不自觉地马上作出一个喜不喜欢这个人或对他有没有好感的判断，这个判断直接影响你对这个人的看法和以后你们的交往。第一印象的好坏固然很重要，但随着交往的深入，人们会对我们有更多、更全面的了解，但前提是我们要明白如何让对方将坏印象改为好印象。

这其中就涉及一个“近因效应”。

然而，在现实生活中，人们在社会交际的时候，往往忽视了“近因效应”，导致人际交往虎头蛇尾，给别人的最终印象很差，这样的事例屡见不鲜。

小李是某大型公司的一位年轻主管，他负责某类产品的配件加工业务，基于他总是努力工作，公司领导很信任他。一次，公司派他做代表前往某大公司洽谈一笔大的外包业务。对公司而言，该业务很重要。因为大企业的外包业务量大且稳定，也就是说，如果能拿下这笔业务，公司可以获得一笔很大很稳定的现金流。

为此，小李投入了大量的时间与精力用于前期准备。也许是准备工作做得很周到，双方刚刚接触，对方就表示了明显的好感。有了好的开头，洽谈工作进展得也很顺利，最后一天，还留有一些细节问题需要进一步协商。结果，仅用了半天时间，便协商好了。

对方要求再给几天时间，向上级汇报后，再做最后决定。

小李满口答应了，他本以为这件事可以敲定。不料，两三天过去了，一周过去了，对方还没有动静。他实在忍不住，于是打电话询问对方的一名代表，对方代表告诉他，事情可能有变故。他请求对方解释一下原因，对方拒绝了。可他不甘心，当他第三次打电话过去，对方告诉他，问题出在最后那天他穿的那件西装上。

原来，他那天穿的西服的袖口少了一颗纽扣。要知道，对方外包的可不是别的，而是精密仪器的零配件！

也许，最后一天洽谈，他太过兴奋而忘了仔细检查自己的衣着；也许是潜意识里，他认为大局已定，不需要再小心翼翼了。

总之，最后一天，一个小小的疏忽让他失去了一大笔订单。

人们总是说“良好的开始是成功的一半”，可是小李却败在了最后的尾巴上。这告诉我们，“好头不如好尾”。与他人打交道，我们不仅要在最初表现好，最后阶段也要表现好，分别时更要特别注意，做到有始有终。

这就告诉我们，如果给对方的第一印象不够好，或者在双方的交往中曾遇到了不快，更应该巧妙地运用“近因效应”，在最后时刻，挽回局面，达成谅解，给对方留下好印象。

那么，具体来说，根据“近因效应”，我们该如何让对方消除对我们的不良印象呢？

1. 尝试沟通

即使你带给别人的第一印象不好，也不要因此而忧心忡忡，只要你肯尝试多沟通，不动声色地表现自己良好的一面，就能让他人对你产生进一步的了解，进而化解误会，重新建立别人对我们的好印象

2. 注重后期维护

在沟通后，我们更要注重持续的维护工作。绝对不能让别人觉得你只有三分钟热度。人们往往对喜欢经常保持联系、维持关系的人印象更深。因此，不妨平时打个电话，偶尔送个小礼物，有时间互相走动一下。由于彼此一直处于交往的状态，因此在有需要帮助的时候提出请求就不显得突兀了。反而那些刚认识的时候很热情，事后长时间不联系，有需要帮助的时候突然又找上来的人，会让人们觉得自己像是被利用了。我们对这样的人难免都会产生抵触心理：我不是你招之即来挥之即去的人。会经营人际关系的人，一定会注重平时关系的维护。

能强留在人的记忆中的，只有最初的和最后的记忆。也就是说，第一印象固然重要，但随着交往的深入，印象会逐渐发生改变，针对一连串的事件的不同阶段，被接受的印象也有差异，但是只有最初的和最后的印象最深刻。因此，如果你在与人初会的过程中，犯下了某种错误，或是表现平平的话，可以在分别之前，做一个良好的表现，以改变对方对你原来的印象。

与他人打交道的过程中，如果给对方的第一印象不够好，或者在双方的交往中曾遇到了不快，我们应该巧妙地运用“近因效应”，在最后时刻，挽回局面，达成谅解，给对方留下好印象。

登门槛效应：说服他人要循序渐进

一般情况下，人们都不愿接受较高较难的要求，因为它费时费力又难以成功。相反，人们却乐于接受较小的、较易完成的要求，在实现了较小的要求后，人们才慢慢地接受较大的要求，这就是“登门槛效应”对人的影响。

“登门槛效应”又称“得寸进尺效应”，是指一个人一旦接受了他人一个微不足道的要求，为了避免认知上的不协调，想给他人一种前后一致的印象，就有可能接受他人更大的要求。这种现象，犹如登门槛时要一级台阶一级台阶地登，这样才能更容易更顺利地登上高处。

心理学家ＤＨ·查尔迪尼做了这样一个实验：他代替某个慈善机构进行了一次募捐活动。在募捐时，对一些人说了这样一句话：“哪怕一分钱也好”，而对另外一些人则没有说这句话。结果，前者的募捐比后者要多两倍。

这就是说，向人们提出一个微不足道的小要求时，人们很难拒绝，否则就太不通人情了（先进门槛再逐步登高，得寸就步步进尺）。为了留下前后一致的印象，人们就容易接受更高的要求。

一次，一个旅游团不经意地走进了一家糖果店。他们在参观一番后，并没有购买糖果的打算。临走的时候，服务员将一盘精美的糖果捧到了他们面前，并且柔声慢语地说：“这是我们店刚进的新品种，清香可口，甜而不腻，请您随便品尝，千万不要客气。”如此盛情难却，恭敬不如从命。旅游团成员觉得既然免费尝到了甜头，不买点的话，确实有点过意不去，于是每人买了一大包，在服务员“欢迎再来”的送别声中离去。

实际上，这也是“登门槛效应”的应用。根据“登门槛效应”，在人际交往中，当我们要求某人做某件较大的事情而又担心他不愿意做时，可以先向他提出做一件类似的、较小的事情。当他接受了我们这一小要求后，我们就有可能让他答应更大的请求，也就是想“进尺”，不妨先“得寸”。

在生活中，这样的例子非常多。

比如，男性追求女性，直截了当地求爱，可能会吓跑女方，但如果从朋友做起，则更容易达成目标。

再如，有个小孩在做功课时，明明半小时就能完成的作业，却拖延到两个小时。于是父母想办法帮助孩子克服了这个毛病。他们先让孩子整理干净桌面，拿掉不相关的东西，争取在一个半小时内完成功课，这是比较容易做到的，接着他们和孩子商量，做作业当中不能玩橡皮，在1小时之内完成作业。待孩子做到这点以后，他们再提出半个小时之内完成作业的要求就很容易了。可见，在劝说别人的时候，不妨利用“登门槛效应”，一步一步地提出要求，让对方心服口服。

但我们在运用“登门槛效应”时，还应注意几点：

1.“门槛”不能太高，否则无法“得寸”

一般情况下，人们不会拒绝那些举手之劳的事。因此，我们在提出正式要求之前，要做好充分的准备，将对方的实力调查清楚。否则，可能你所谓的小要求，对于对方来说，都很难达成。

比如，你是个管理者，你高估了某位下属的能力，你交给他一件你认为的小事，但他没有办好，这主要是因为你没有事先了解清楚他的能力。相反，当你了解他的做事习惯、办事能力后，不妨先提出一个只要比过去稍有进步的小要求，当他达到这个要求后，再通过鼓励，逐步向其提出更高的要求，这样他容易接受，预期目标也容易实现。

2. 注意“进尺”的尺度

比如，生活中我们经常会将那些进门之后，直接向我们推销产品的推销员拒之千里之外，就是这个道理。当销售员向我们获得特许，“登门槛”也即“得寸”后，便得意忘形，立刻将销售议程提上案。事实上，此时我们的内心世界还并没有消除对销售员的戒备状态，可想而知，我们是不会买他的账的。

说服他人也是如此，我们要想达到交谈目的，就不能急功近利，否则，只会事倍功半。

3. 确定对方是否能接受你的“得寸”，从而让你“进尺”

生活中，一般人都能接受“登门槛效应”，而且人们都希望在别人面前保持一种比较一致的形象，不希望别人把自己看作“喜怒无常”的人。因而，在接受别人的要求、对别人提供帮助之后，再拒绝别人就变得更加困难了。如果这种要求给自己造成的损失并不大的话，人们往往会有一种“反正都已经帮了，再帮一次又何妨”的心理。于是，“登门槛效应”就发生作用了。

但事实上，也有一部分人，“登门槛效应”对他们根本起不了作用，对于这一类人，我们应该做的是“另寻出路”。

“登门槛效应”是一种说服他人的迂回措施，当“引诱”对方先同意我们的小要求后，对方答应我们的大要求的成功性也就更大！

白德巴定律：多听少说更受人喜爱

生活中，在与他人沟通这一问题上，很多人都存在着一个心理误区。他们认为，说得多就是有口才的表现，同时，为了使他人接受自己的观点，他们总爱侃侃而谈，甚至口若悬河。殊不知，无休止地讲话只会让别人反感。我们真正要做的，是尽可能多地让对方说，给对方创造说话的机会，把自己变成以听为主的听众，因为每个人都有自我吹嘘的弱点，鼓励对方多谈论自己，这样才是真正把握了话语主动权。

关于这一点，在逻辑语言上有个著名的“白德巴定律”，所谓“白德巴定理”是指能管住自己的舌头是最好的美德，而善于约束自己嘴巴的人，会在行动上得到最大的自由。

事实上，不少人已经认识到“听”的重要性，因为只有善于倾听才能达到目的，听人说话的本意在于了解对方的心意，把握对方的想法和要求。而对方是商谈的主角，所以应让对方多说，在交谈中以对方为中心而自己多听，从而更能了解进而掌握对方。

曾经有一名法官，他是个善于倾听他人说话的人，当他调节的纠纷时，人们总是愿意听取他的意见。

一次，一位老作家和一家出版社因为报偿问题出现了纠纷，闹上了法庭。根据案情，法官认为调解对双方，特别是对老作家有利。因为打官司费钱又费力，个人不能与单位比。但他多次建议双方调解都没有效果。老作家对出版社怨气很大，但很明显，他是个法盲，开庭时只是反复就一两个问题进行阐述。尽管他遣词造句与他的职业很匹配——颇具诗歌或散文的味道，可车轱辘话谁听着都烦。旁听席上渐渐有人打起瞌睡，也有人起身离去。可这名法官一直静静听着，不打断老作家的话。

庭审进行了3个多小时，直到双方再无话可说，法官才又向双方解释了出版合同的法律规定，指出双方在合同履行中的不当之处，并再次提出调解的建议和基本方案。

老作家听完法官的话，半晌没说话。最后，他突然表示愿意接受调解。

“法官大人，矛盾发生以后，你是第一个完完整整听完我讲话的人。”老作家诚恳地说：“你对我的尊重让我信任你，你说怎么办就怎么办。”

这则故事中，这名法官就是个善于通过倾听解决问题的人。表面上看，一直是老作家在侃侃而谈，法官一直静静地听着，但最终，老作家却因为感受到了来自法官的尊重而接受调解，这就是法官所要达到的沟通结果。

那么，具体来说，我们应该如何鼓励对方多说话，进而满足其自我吹嘘的心理呢？

1. 集中精力，专心倾听

这是要达到良好的沟通效果的基础。当然，要做到这一点，你就应该做好充分的准备。这不仅包括身体上的，还包括心理上的，因为在交谈中表现得无精打采、情绪消极会使得倾听收效甚微。

2. 不随意打断对方谈话

任何一个人，都不希望自己在说话情绪正高的时候被人打断，一旦打断对方说话的积极性，那么，沟通就可能陷入瘫痪状态，无论你说什么，对方也很难听进去了。

3. 注意对方的反馈

所谓对方的反馈，指的是对方发出的、能被我们识别的信号。比如，对方的某些动作，如摇头、皱眉等，都带有一定的含义，需要我们认真观察和感觉。在此之后，我们便能调整自己的话题，相反，如果我们没有识别出对方的这些信号，就会造成沟通障碍。

4. 适当发问

对方说话时，原则上不要去打断，可是适时的发问比一味地点头称是更为有效。一个好的倾听者既不怕承认自己的无知，也不怕向说者发问，因为他知道这样不但会帮说者理出头绪，而且会使谈话更具体生动。

可以提些诸如“你认为这就是问题所在？”“你的意思是……”“你能说得明白一些吗？”等问题。这些提问有助于你获得更多信息，并理解问题的各个方面。

5. 澄清对方的谈话

在倾听完对方的谈话后，我们要加以反馈，向对方阐明你是如何理解他的意图的。你可以使用这些话语：“我刚才听你说……”“我理解你主要关心的是……”或者“……我说得对吗？”

当然，要想真正说服对方，最好还是在沟通前花费一定的时间和精力对对方的具体情况进行研究，这样在说服过程中才能有的放矢。

大多数人认为，好的说服口才就是拥有一副三寸不烂之舌，从而忽视了他们更应该是一名最佳的听众。如果我们不善于倾听，就容易造成误解。更为严重的是会造成无法把握对方的真实需求，从而与对方的真实意图背道而驰！

第 4 章　社交语言规范：巧用策略，掌握交际主动权

语言是人与人之间交流的桥梁，没有语言就没有相互交流的平台。而生活中，有些人在与他人交流的时候，总是企图在语言上胜出，以此来让别人接受自己的意见或者观点，但结果总是事与愿违。其实，这是因为他没有了解真正的沟通需要从心理的角度入手。如果我们懂得首先抓住对方的心理，然后使用一番别具特色的语言用策略的话，定能打动对方并成功操纵陌生人心理！

别把话说得太直白，言外之意更值得推敲

生活中，我们与他人沟通的时候，并不一定是将内心隐藏得越深越能达到目的。相反，有时候，我们若能“暴露”自己，让对方看出我们的心理，就越能避免一些误解的出现，越有助于彼此间的交流与沟通。当然，这里的“暴露”并不是指直截了当地说出我们的答案，而是要让对方根据我们“口中所说”来达到“心中所想”。实际上，那些善于掌控他人心理的人往往都会采取逐步引导的方法，循序渐进，让对方帮他们说出答案。

一般来说，我们可以通过月以下方式来让对方了解我们的心理：

1. 语言暗示法

晚饭后，几个研究生因为有个没有解决的课题，去找学校知名教授询问。时间过得飞快，不知不觉间已谈到深夜，教授接过其中某一学生的话题说：“你们提的这个问题很值得研究，明天我去上海参加一个学术会，准备就这个问题找几位专家一块聊聊。”几位学生立刻起身告辞：“很抱歉，您明天还要出差，

耽误您休息了。”教授连忙说没关系。

在这种情况下，教授若直接告诉学生们自己要休息了，虽可以达到辞客的目的，但却显得是在“逐客”，这些学生也会陷入尴尬的境地。他隐晦地表达出来，不仅顾及了自己的身份，也保住了学生们的面子，可谓一举两得。

案例中的教授运用的就是语言暗示法。这种方法一般可用于批评、提意见等沟通场景中，因为如果直言的话，可能会造成不必要的误会。

2. 语言误导法

日常生活中，只要善用误导策略，就能收到满意的效果。聪明的发问者总是预先埋下伏笔，让对方不知不觉中失误陷入语言的陷阱。

在某酒店里，来了一对尊贵的夫妇。酒店服务员想为客人推荐酒店的特色菜。于是，她这样问这位客人：“您要不来点儿我们这儿的清蒸鲍鱼？”但似乎她的问话效果并不明显。于是，酒店经理亲自上去为客人点菜，准备推荐酒店的海鲜。她这样问客人：“您今天是要一份海鲜还是两份？”客人的回答是两份。就这样，服务员们也掌握了经理的问话方式，于是，酒店的海鲜成了最畅销的菜。

面对酒店经理的这种问话方式，大多数顾客都会择一而答。可见，“误导策略”也是一种很有效的促销手段。同样，误导式的问话方式，在人际交往中也可以为我们所用。比如，有位朋友在你家做客，你不知道他是否要留下来吃饭，想明白地问一声又怕为难朋友，此时不妨问：“今天想吃什么？是中菜还是西餐？”

用这种策略发问时，也有我们需要注意的地方，因为不是所有人都会掉进我们设置的“语言陷阱中”。我们要注意对方的年龄和身份以及文化修养与性格特征，有人为人热情爽快，有人性格内向，有人马马虎虎，有人谨慎小心。每个人的性格不同，气质必然相异，如果没有考虑这些条件而随便发问，便可能有意外状况发生。

直言不讳不如旁敲侧击

生活中，我们与他人打交道时，经常会遇到一些不便直言的问题。比如，拒绝别人、指责对方等，如果不顾对方的感受和情绪，把自己的想法强加给别人，不仅起不到我们预想的效果，还会恶化彼此之间的关系。此时，我们不妨尝试一下旁敲侧击的心理策略，委婉地暗示对方，对方接受起来也轻松得多。我们不妨看看下面的故事：

一天，老王来到一家餐馆就餐，发现汤里有一只苍蝇，这很令他倒胃口。于是，他找来服务员，并质问他，可没想到服务员却全然不理，好像没听见他的抱怨一样。

后来，气愤中的他亲自找到餐馆老板，提出抗议："这一碗汤究竟是给苍蝇的还是给我的，请你解释一下。"

那老板一听，把责任全推在服务员身上，于是，只顾训斥服务员，却全然不理睬他的抗议。

老王只得暗示老板："对不起，请您告诉我，我该怎样对这只苍蝇的侵权行为进行起诉呢？"

那老板这才意识到自己的错处，忙换来一碗汤，谦恭地说："您是我们这里最珍贵的客人！"

说完，大家一起笑了。

我们不得不佩服老王的气度，很多人在这种情况下，势必会大发雷霆，当然，这样做对事情的解决毫无帮助。而老王虽然是有理的一方，却没有颐指气使，也没有对老板和服务员纠缠不休，而是借用所谓"苍蝇侵权"的比喻暗示对方："只要有所道歉，我就不会追究。"这样老板也就明白了他的话，"苍蝇事件"自然也就在十分幽默风趣又十分得体的氛围中化解了，避免了双方的尴尬和窘迫，可见，心理暗示的作用是多么重要。

李某是某县城的一名机关干部，老家在农村，也就有了几个在农村的老乡。正因为如此，他的正常生活已经完全被打乱了，今天不是老乡生病借钱，明天就是老乡求着办事。这倒还好，有些老乡竟然把李某家当成了自己家，吃住全在他家。李某无所谓，但是他的家人，尤其是妻子和小孩，对此很有意见。

有一次，两个进城打工的老乡找到李某，诉说打工之艰难，一再说住店住不起，租房又没有合适的，言外之意就是要借宿。

李某听后马上暗示说：“是啊，城里比不了咱们乡下，住房可紧了。就拿我来说吧，这么两间耳朵眼大的房子，住着三代人。我那上高中的儿子，没办法晚上只得睡沙发。你们大老远地来看我，不该留你们在我家好好地住上几天吗？可是做不到啊！”

两位老乡听后，就非常知趣地走开了。

李某运用的就是暗示法，他并没有直接拒绝老乡借宿的要求，只是说出了自己的难处，老乡自然能听出李某的言外之意，也就知趣地离开了。这告诉我们，在与他人交际的过程中，如果碰到一些由于种种原因，不好意思直接开口，喜欢用暗示法来投石问路的人，你最好也用暗示法来拒绝。

在人际关系中，出于各种原因，有时我们会驳别人的面子，这种事情如处理不当，轻则伤害对方，让对方难以接受，疏远彼此间的关系，重则得罪人，使彼此成为仇家。对此，我们要学会旁敲侧击，既表达自己的意思，又要让对方轻松接受。利用话里藏话暗示他人，是时刻离不开的社交技巧。

但委婉暗示，让对方接受，我们还必须掌握三个基本功：

一是会把握局势。

第一，要听出对方的话中话，然后加以揣摩，这其中会观察的能力很重要。毕竟，交际生活中，很多人都喜欢用隐晦的语言，含沙射影地表达自己的弦外之音，即便是有恶毒之意也不容易听出来。第二，你要想掌控交际局势，让对方接受你的暗示，你就必须得站在有理的一边。

二是要委婉含蓄地表达自己。

话说得有艺术，还要让倾听之人心领神会，明白你话中的锋芒所在。无论你遇到的是针对你的敌人还是帮助你的友人，你都必须具备会暗示和说话含蓄的能力。

三是尽量在善意的氛围中旁敲侧击。

有些人虽然接受了我们的委婉暗示，但却是在迫不得已的情况下接受的，这种人一般会和我们“老死不相往来”，这不是社交的最终目的。为此，我们要懂得不伤感情地、在善意的氛围中暗示对方，让他既能接受，还能感激我们“口下留情”。

以情动人，用温情打开对方心门

我们发现在现实生活中，人们似乎都有几个可以互诉衷肠的知心朋友。人与人之间为什么会由陌生人成为朋友？因为情感的共鸣！从心理学的角度看，人际关系的疏近，与其交谈的话题有一定的关系，关系越密切，所谈话题就越个人化、私密化。但交谈之初，交往双方往往是互存芥蒂之心的，而这对于整个交流无疑是毫无益处的。此时，如果我们能主动跨出交往的第一步，向对方透露自己的一些私事，那么便能给对方一个心理暗示：我们之间的关系很好，你可以向我倾诉你的心事。可见，与人交流的过程中，并不是隐藏得越深越好，因为它只会让人与人之间的心理距离也越来越远。

美国有位总统，在庆祝自己连任时开放白宫，与一百多个小朋友亲切“会谈”。

10岁的约翰问总统：“小时候哪一门功课最糟糕，是不是也挨老师的批评？”总统告诉他：“我的品德课不怎么好，因为我特别爱讲话，常常干扰别人学习。老师当然要经常批评的。”他的回答使现场气氛非常活跃。

当时有一位叫玛丽的女孩，她来自芝加哥的一个贫民区。她对总统说，她每天上学都很害怕，因为她不知道会发生什么事情，害怕路上遇到坏人。

此时，总统收起笑容，严肃而沉重地说："我知道现在小朋友过的日子不是特别如意，因为有关毒品、枪支和绑架的问题政府处理得不理想。我希望你好好学习，将来有机会参与到国家的正义事业之中。也只有我们联合起来和坏人作斗争，我们的生活才会更美好。"

这位总统为什么能紧紧抓住小朋友的心，使小朋友的心里认为总统和他们是好朋友？人们都喜欢与自己有共同爱好、兴趣的人交往，而对于那些与自己"志不同道不合"的人，则会退避三舍。总统向小朋友们透露出了自己小时候的一些"秘密"："我的品德课不怎么好，因为我特别爱讲话，常常干扰别人学习。老师当然要经常批评的。"这让他们感到，原来总统也和自己一样，不是个十全十美的人，从而愿意和总统交流。此时，即使场外的大人们看到这样的对话场面，也会感到总统是一个亲切的人。

随着社会的进步，人们越来越渴望交往。于是，就有了社交，但无论是哪一种社交形式，都需要交谈双方的主动意愿，都要起到传递信息、交流感情的作用。可是，又是什么能带动交谈双方吐露心声呢？很简单，答案就是"秘密的交换"。因此，如果我们能先主动透露自己的"秘密"，那么，就会很容易赢得对方的信任，对方也就愿意向我们袒露心声。

那么，日常生活中，我们该如何通过讲私事来赢得他人的信任呢？

1. 适度自曝短处

比如，闲暇时候，你可以和同事闲聊自己曾经失败的事，这比谈自己成功的事更易拉近彼此间的距离。因为老是炫耀自己成功的光荣事迹，容易让人产生反感，留下不好的印象。而说说自己的短处，我们就避免了故意犯错，因为首先在态度上我们已经示弱并表示了友好，对方没有不接受的道理。

暴露自己，要达到让对方产生如"这个人虽然有点小缺点，但是其他方面挑不出毛病来，还算是个相当不错的人"的类似想法。然后，对方也就会时不时地向你“爆料”一些个人私事，甚至愿意把你当成知心朋友。

2. 把握暴露秘密的度

提倡“自我暴露”，并不是让你把自己的“老底”都揭给对方，不分场合和对象地将自己“暴露无遗”。我们不妨选择暴露那些不会影响到整体形象的“小事件”或者“小缺点”“小毛病”等，正因为这些小瑕疵的存在，我们才会显得更真实、更可爱。

学会以上这一暴露自己的小技巧，我们在与难以相处的人打交道时会更有效率，而且也会发现这些人似乎不那么难以相处，与此同时也提高了自己人际交往的能力。

言简意赅，一语中的

中国有句俗语：“最后的赢家才是真正的赢家，要笑就要笑到最后。”这句话一点也不假。生活中，与人交往的过程中，只有手握底牌，才能出奇制胜。我们可能经常看到法官这样审查嫌疑人：刚开始嫌疑人总是否认自己的犯罪事实，但他没想到的是，正当自己为自己的罪行辩护的时候，法官却突然指出他言语间的漏洞或者拿出关键性证据。此时，他只好供认自己的罪行。同样，这一道理也可以运用到生活中的沟通场景中，如果对方否认某些事实，我们不妨在关键时刻一语中的，让对方哑口无言。

我们来看一个这样的职场故事：

某公司新来了一个员工小王，他似乎有点小偷小摸的坏毛病。

这天，大家都已经下班回家了，但小王还想在公司继续上会儿网。正巧，他看见经理办公室的门还开着，好奇心使他悄悄地进去看了一下。巧的是，办公桌的抽屉也没有上锁，里面放着厚厚的一叠钱。面对金钱的诱惑，小王心动了，于是，他就做了件顺手牵羊的事——拿走了几张百元大钞，并且，他认为没有人会发现。

但实际情况并不是如此，第二天一大早，经理就在办公室嚷嚷起来了：“你们谁偷了我办公室的钱？办公室怎么还有这样偷偷摸摸的人啊……”但没有一个人承认。这时候，经理秘书想出了一个招儿。

他把大家召集到会议室，然后说：“今天早上，清洁工周大姐来找过我，说昨天有人进了经理的办公室……”后面的话，秘书并没有说，然后他接着说：“经理已经答应我，这件事不会追究，但希望这位同事能主动给经理发个邮件，经理不会公开这件事。”

会后，小王主动给经理发了邮件，并将钱转回到了经理的账上。经理一直夸自己的秘书是个“军师”的料子。

秘书让偷钱人小王不打自招的秘诀在于，他编造出了周大姐曾经看到这个嫌疑人的“作案过程”的虚假事实，然后假装一语中的，从而让小王乱了方寸，不打自招。并且，他采取了软硬兼施的措施，给对方作了“不再追究”的保证，在权衡利弊得失后，小王也只好承认了偷钱的事实。

可见，当我们在不知对手虚实的情况下，可以“使用”证人这张王牌“投石问路”。而在知晓事实的情况下，“证人”更能让对方心服口服。另外，当他人对我们产生质疑时，我们也可以采用这一心理策略：

客户：“请问我买的房子，大概什么时候可以收楼呀？”

销售员：“一般情况下，是签完合同，收到首期房款三个月之后。”

客户：“要这么长时间呀，一个月后行不行呢？”

销售员：“如果要求一个月后收楼的话，装修人员就要赶工。您都知道慢工出细活，赶工的时候，容易忙中出错，最后影响您房子的装修质量，那就划不来了。”

客户：“噢，是这样呀。那就按正常时间收楼吧。”

案例中的销售员运用的计策就是让客户晓以利害，给对方施加心理压力，从而在权衡之下，客户接受销售员提出的“不”，同意按时收楼。

当然，在使用这一心理策略的时候，我们还需要注意：

1. 把握时机，到顺风顺水的时候再说话

比如，在生意场上，在谈判中，有些时候我们能清楚地感觉到事情正在越变越糟。这时应该采取守势，退后一步，现在的情势不适合马上反击。很多人在自己处于劣势的时候拼命地试图证明自己，其实不妨退守一步。记住，处在劣势的时候，不要急着马上反击，等一等，机会总会到来，那时才能出奇制胜。

2. 胜者总是笑到最后，最后表态

最后说话的时候尽力最大化你的优势，先观察对手的动作，尽量让对手先表态，然后根据对方的心理变化适时地调整自己的策略。到最后的时候，一语中的，让对方心服口服。

表达赞同，对方会更喜欢倾诉

在这个强竞争、高压力的社会中，很多人都认为自己不被他人理解，最重要的一点就是找不到属于自己的听众。每个人都有表达自己、被他人理解的欲望，所以都希望他人扮演听众的角色。有了快乐的事情，希望说给他人听，跟人分享；有了不开心的事，也希望与人倾诉。当然，除此之外，人们也希望能通过倾诉获得他人的赞同和理解，而不是反驳和训斥。因此，从心理学的角度来看，多给予对方赞同会使对方心情愉快，也会换来对方的理解和信任。

小王是一名电脑推销员，最近，他遇到了一个难题：在向某公司推销电脑时，公司负责人把决定权交给了一名技术顾问——陈教授。经过考察，陈教授私下表示，他们和竞争对手各有优缺点，但在语气上，似乎对对方颇为欣赏，小王知道问题出现了。于是，他准备进行最后的努力。他找了个机会，唾沫横飞地辩解他所代理的产品如何优秀，设计上如何特殊，希望借此改变陈教授的想法，谁知道，还没等他说完，陈教授不耐烦地打断了他：“究竟是你比我行，还是我比你懂？”这话如五雷轰顶一样打醒了小王，不过似乎已经晚了。

当小王垂头丧气地回到公司，向同事诉说这件事后，一位同事告诉他：“为什么不干脆用以退为进的策略推销呢？”并向他说明了“向师父推销”的技巧。“向师父推销”，切记的是要绝对肯定他是你的“师父”，认同他的观点，抱着谦虚、尊敬、求教的态度去见他。一切的推销必须无形，伺机而动，不可勉强，不可露出痕迹，方有效果。

于是，小王重整旗鼓，再次拜访陈教授。见了面，他一改自己的说话习惯，对陈教授说：“陈教授，今天，我来拜访您，绝不是来向您推销。过去我读过您的大作。上次跟老师谈过后，回家想想，觉得老师的分析很有道理。老师指出我们所代理的电脑在设计上确实有些特征比不上别人。陈教授，您在××公司担任顾问，这笔生意，我们遵照老师的指示，不做了！不过，陈教授，我希望从这笔生意上学点经验……”小王说话时一脸诚恳的样子。

陈教授听了后，心里又是同情又是舒畅，于是带着慈祥的口吻说道：“年轻人，振作点。其实，你们的电脑也不错，有些设计就很有特点。唉，我看连你们自己都搞不清楚，比如说……”陈教授谆谆教导，小王洗耳倾听。这次谈话没过多久，生意便成交了。

案例中，推销员小王可谓是虚惊一场，但如果他没有接受同事的建议，而忘记在倾听中赞同、接受客户意见的重要性，那么，这次推销肯定会以失败告终。

的确，人们都有这样的感觉：与志趣相投的人谈话其乐无穷，与志趣相异的人谈话，会感到“话不投机半句多”。也就是说，人们都喜欢交谈对方能赞同自己。掌握人们的这一心理，我们在交谈时，多肯定对方，让对方感到你与他志趣相投，对方一定乐意向你倾诉。

巧妙地处理人际关系，最重要的一点就是掌握“赞同别人”这一说话艺术。事实上，这也是我们这一时代智慧的结晶之一。也许，在你的生活中再也找不出像“赞同别人”这样一个简单技巧了。

那么，在与他人交谈的过程中，怎样运用“赞同别人”这一艺术呢？

1. 要有赞同的态度

如果根本不赞同对方的观点，那么，切不可虚伪作态。因为这样做的一言一行都是假惺惺的，自己都无法说服自己，又怎么能说服别人呢?

2. 当你赞同别人时，一定要表达出来

不要指望你对对方的暗示能让他感受得到，要让他知道你赞同他的意见，不妨直接说出来，“我同意您的说法”或“您说得很对，我完全赞同”“我认为您的看法很好”。

3. 不赞同也不要直接表示反对

直接反对只会导致双方的争执，这样你会很快与人产生矛盾，会失去很多。所以，请不要轻易否定别人，除非不得不这样做。

4. 避免与人争论

人际关系中最忌讳的就是与人争论。因为没有人能从争论中获胜，也没有人会从争论中赢得朋友。即使你是对的，也不要争论，因为这不是解决问题的最好办法，请务必记住这一点。

激将法，让对方一步一步达成你的目的

人是一种情绪化的动物，人们的情绪很容易因为周围的一些人和事而发生改变。比如，人们就有不服输的逆反心理：越是被否定，越是要证明自己；越是受压迫，越是要反抗等。正因为人们有这样的心理，也就产生了激将法的心理策略。激将法，就是利用别人的自尊心和逆反心理的积极一面，以“刺激”的方式，激起对方不服输的情绪，将其潜能发挥出来，从而得到不同寻常的说

服效果。

因此，生活中的人们，在正面操控他人心理不成的时候，不妨也采取这种心理策略来刺激他人，以达到目的。比如，如果你求人办事，在请求没有用的情况下，你可以反向地刺激他，将对方激怒：“你不去做，是因为你不敢去做吧？”“我想你可能也没什么办法。”你这样说，对方心里一定会想：“谁说我不敢？”“你怎么知道我没有办法？”“我偏要做给你看！”这样，你就达到了自己的目的。在运用激将这一方法上，诸葛亮可谓是运用得极为巧妙，尤其在选人用将上。

在刘备夺取汉中的作战中，诸葛亮就曾连续两次使用激将法，调动老将黄忠用智破敌的积极性。使这位年近七十的老将军，在这次作战中立下了汗马功劳。又如，诸葛亮首次下江东，履行联孙抗曹的使命。诸葛亮知道其中的关键是周瑜，而且他也知道周瑜的性格，于是他使用了激将法。他和周瑜见面时闭口不谈时局，却背诵了曹操的《铜雀台赋》，周瑜听罢勃然大怒，终下抗曹的决心。这是为何呢？原来在曹操的诗中提到了“二乔”，大乔是孙策的妻子，小乔是周瑜自己的妻子，妻子都将要被人夺走了，他自然火冒三丈。所以，诸葛亮的激将法是成功的。

激将法是一种很有力的口才技巧，使用激将法，往往能够使对方感情冲动，从而去做一些他平常不会做的事。可以说，周瑜与黄忠都被诸葛亮的这一计谋给“利用”了。

另外，熟知《西游记》的人们可能都知道，孙悟空也经常采用这一激将的方法来刺激猪八戒去做一些他不愿意做的事。这一计谋通常在那些争强好胜的人身上更起作用。

因此，在求人办事的时候，他们如果不买你的账，你不妨使用激将法。但我们在使用激将法时要分清楚对象、环境及条件，不能滥用。同时，运用时要掌握分寸，不能过急，也不能过缓。过急，欲速则不达；过缓，对方则无动于衷，无法激起对方的自尊心，也就达不到目的。

那么，激将法有哪些方式方法呢？

第一，明激法。

明激法意在直截了当、充分利用对方的逆反心理，通过一阵“猛雷”使对方当头一棒，从而达到你的目的。比如，你可以这样说：“我明白，您老不帮忙，可能也是心有余而力不足！”这句话在他心里的分量是很重的，因为每个人都不愿意被人看扁。

第二，暗激法。

暗激法就是借赞他人来贬损对方，以达到激将的目的。

勾践出兵伐吴，半路上遇见一只眼睛瞪得大大的，肚子鼓得圆圆的，好像在发怒的大青蛙，于是勾践手扶车木，向青蛙表示敬意。手下人不解，问其缘故，勾践说：“青蛙瞪眼鼓肚，怒气冲天，就像一位渴望战斗的勇士，因此我对它敬重。”全军将士都觉得受大王恩惠多年，难道还不如一只青蛙？于是相互劝勉，抱着坚定的信念，驰骋疆场，最终为国立下了战功。

除此之外，我们在运用激将法的同时，还得要了解对方，因人而用。要对对方的心理承受能力有所了解，如果激而无效，那么也是白费力气。同时，我们还要掌握分寸和火候，语言不能“过”。如果说话平淡，就不能产生激励效果，如果言语过于尖刻，就会让对方反感。

第5章 学会换位思考：情商高，就是会说话

我们都知道，好的口才是一种力量，更是一种资产。一个拥有好口才的人，也就拥有了一份独特的魅力，最终也将会形成一种气质和风度。然而，如何更高明地说话，我们还要培养自己的逻辑推理能力，提升自己的口才，这样才能避免出现一些逻辑语言错误，让自己说出的话更值得推敲，从而彰显说服力。

迂回前进，避开矛盾点

在前面对逻辑定律的分析中，我们已经得出：在说话中，无论是发话者还是听话者，都要有明确的概念，否则容易出现前后矛盾，而使得谈话无法进行。然而，我们发现，不少人在说话时还是会犯这样的逻辑错误。要避免出现这样的情况，我们首先就要搞清楚为何会出现语言中的矛盾对立，很明显，从语言方面看，这是因为他们在遣词造句时，把反义词同时赋于了同一主语，从而造成了文字上的矛盾。这种文字上的矛盾也必然会导致思想上的逻辑矛盾。

比如，会场上人声鼎沸，笑声轰鸣。主持者振臂高呼："都不要讲话！"其实，他忘掉了自己也在讲。

再如，新刷的黑板上醒目地写着四个大字："不准涂画。"咳，那这四个字又是什么呢？

另外，我们发现，在对话中，如果交谈双方都从各自的角度说话，也容易出现对立，比如：

晏子是春秋后期一位重要的政治家、思想家、外交家，晏子身材不高，其

貌不扬，但颇具智慧。

景公时，有公孙捷、田开疆、古冶子三个勇士。他们都为齐国立有很大的功劳，因而不把晏子这样的小矮人放在眼里。晏子便去见齐景公说："我听说贤明的君主所收养的有勇力的武士，对上讲究君臣的礼仪，对下讲究长幼的人伦道德，对内可以防止强暴，对外可以威慑敌国，君主得益于他们的功劳，百姓佩服他们的英勇，所以他们地位尊贵，奉禄优厚。现在君主所养的勇士，对上没有君臣的礼仪，对下不讲长幼的人伦道德，对内不能够禁止强暴，对外不能够制服敌国，这三个人是危害国家的祸害啊，不如除掉他们。"景公说："这三个人武艺高强，要擒擒不了，要刺刺不中，如何是好？"晏子说："这三个人都是凭自己的力量攻击强敌的，不懂长幼的礼仪。"于是晏子请求景公派人给他们三人送去两只桃子，让他们论功而食。景公使人馈二桃，因三人分食缺一便说："三位为什么不计算各自的功劳而吃桃子呢？"

公孙捷仰天长叹道："晏子，真是个聪明的人！他让景公用这种办法来比量我们的功劳大小。不接受桃子是没有勇气，接受吧，人多桃少，我何不说说自己的功劳来吃桃子呢？我曾有一次空手击杀了一只大野猪，还有一次徒手打死一只母老虎，像我这样的功劳，完全可以独吃一只桃子了。"说完拿过桃子站了起来。

田开疆说："我手持武器曾两次打败敌人三军，像我这样的功劳，也可以独吃一只桃子。"说完也拿过桃子站了起来。

古冶子说："我曾随从国君渡黄河，一头大鼋叼走左骖并潜入砥柱山下的激流中。我就一头潜入水底，逆水潜行百步，又顺流而行九里，终于捉住大鼋，把它杀死了。我左手握住鼋的尾巴，右手提着鼋头，像鹤一样跃出水面，船夫们都说：这是河神！像这样的功劳，也可以独吃一只桃子吧。二位何不把桃子还回来。"抽出宝剑就站立起来。公孙捷、田开疆齐声道："我们的功劳不及您，拿走桃子而不谦让，这是贪心；既然这样而又不敢一死，这是没有勇气。"二人都还回手中的桃子，自刎而死。古冶子说："二位都死了，我独自活着，这是不仁；拿话羞辱别人，而夸耀自己的功劳，这是不义，行为违背了仁义，不死，就是怕死鬼。”说完也把桃子交了回来，自刎而死。

孔子在评价晏子这一具体行为时就毫不留情地说“晏子，小人也！”晏子“二桃杀三士”的故事更是说明了晏子其人不光喜欢作秀，而且还很阴险毒辣。但是，我们也不得不佩服晏子的智慧，因为他利用了三人的关系——彼此间相互制衡，相互矛盾，所以只要抓住他们的矛盾点，就很容易攻破，故而采取用二桃来离间他们之间的关系。

当然，在具体的生活中，要想避免这样的矛盾，就要懂得从他人的角度说话，真正为他人考虑。尤其是在一些精密的合作中，也是需要有人做出牺牲的，需要我们放下暂时的利益争端，凡事让一步。

在任何形式的谈话中，我们都要注重自己语言的表达。一方面要注重逻辑推理思维，避免出现前后矛盾；另一方面也要注重从对方的角度说话，应该学会妥协和退让，斤斤计较、太过精明，最终是无法获得人际合作的。

运用反证法说服对方

反证法（又称归谬法、背理法），是一种论证方式，他首先假设某命题不成立（在原命题的条件下，结论不成立），然后推理出明显矛盾的结果，从而下结论说原假设不成立，原命题得证。

反证法的证题可以简要地概括为“否定→得出矛盾→否定”。即从否定结论开始，得出矛盾，从而达到新的否定，可以认为反证法的基本思想就是辩证的“否定之否定”。反证法的应用是：欲证“若 P 则 Q”为真命题，先从相反结论出发，然后得出矛盾，从而证明原命题为真命题。

反证法的证明主要用到“一个命题与其逆否命题同真假”的结论，为什么？

这个结论可以用穷举法证明：

某命题：若 A 则 B，则此命题有 4 种情况：

1. 当 A 为真，B 为真，则 $A \to B$ 为真，$\neg B \to \neg A$ 为真；

2. 当 A 为真，B 为假，则 $A \to B$ 为假，$\neg B \to \neg A$ 为假；

3. 当 A 为假，B 为真，则 $A \to B$ 为真，$\neg B \to \neg A$ 为真；

4. 当 A 为假，B 为假，则 $A \to B$ 为真，$\neg B \to \neg A$ 为真；

∴一个命题与其逆否命题同真假。

同样，生活中，为了提高我们的语言逻辑能力，我们有必要学习运用反证法。

看下面几则故事：

故事一：

齐景公喜欢射鸟，命令烛邹掌管那些鸟，但鸟跑掉了。景公大怒，诏告官吏杀掉他。晏子说：“烛邹的罪有三条，我请求列出他的罪过再杀掉他。”景公说：“可以。”于是召来烛邹并在景公面前列出这些罪过，晏子说：“烛邹，你为国君掌管的鸟丢失了，是第一条罪；使我们的国君因为丢鸟的事情而杀人，是第二条罪；诸侯们知道这件事了，会以为我们的国君重视鸟而轻视士人，是第三条罪。”把烛邹的罪状列完了，晏子请示杀了烛邹。景公说：“不要杀了，我明白你的指教了。”

故事二：

在秦始皇嬴政时期，有一个 12 岁就被拜为上卿的少年，名叫甘罗。

相传在他七八岁的时候，有一天看到他外公回家后长吁短叹，闷闷不乐。于是就向外公打听到底发生了什么事。原来皇上听信谗言，给甘罗的外公出了个难题：找一枚公鸡下的蛋。甘罗听了后说：这事情好解决，我替你去办。第二天，甘罗叫外公在家休息，他穿着外公宽大的官服上朝去了。皇上和大臣们看到他这身打扮，既感到好笑又觉得好奇。于是问甘罗：你外公不来上朝，他到哪里去了？甘罗不紧不慢地说：外公生小孩子了。皇上听了大笑着说：小家伙骗人也不讲点技术含量，男人会生小孩子吗？甘罗马上接上说：既然男人不会生小孩子，那么公鸡又怎么会下蛋呢？皇上只好收回成命。

故事三：

有个病人对住院处的护士说："请把我安排在三等病房，我很穷。""没有人能帮助您吗？""没有，我只有一个姐姐，她是修女，也很穷。"

护士听了生气地说："修女富得很，因为她和上帝结婚。""好，那您就把我安排在一等病房吧，以后把账单寄给我姐夫就行了。"

故事四：

秦始皇曾经计划要扩大射猎的区域，东到函谷关，西到雍县和陈仓。优旃（zhān）说："好。多养些禽兽在里面，敌人从东面来侵犯，让麋鹿用角去抵触他们就足以应付了。"秦始皇听了这话，就停止了扩大猎场的计划。

秦二世皇帝即位，又想用漆涂饰城墙。优旃说："好，皇上即使不讲，我本来也要请您这样做的。漆城墙虽然给百姓带来愁苦和耗费，可是很美呀！城墙漆得漂漂亮亮的，敌人来了也爬不上来。要想成就这件事，涂漆倒是容易的，但难办的是要找一所大房子，把漆过的城墙搁进去，使它阴干。"于是二世皇帝笑了起来，因而取消了这个计划。

故事一中，面对齐景公要杀烛邹这件事，晏子并没有直言反对，而是先引导齐景公说出原因，然后再让齐景公自己得出结论——"重视鸟而轻视士人"，从而让其收回成命。

故事二中，聪明的甘罗知道皇帝是刁难自己的外公，于是，他便利用相同的思维，将"男人不会生孩子"和"公鸡不会下蛋"归谬，从而使皇帝收回成命。

故事三中，面对无理取闹的护士的要求——让其做修女的姐姐来结账，这名病人顺着其思维进行引导，得出让"上帝结账"的谬论，从而堵住了护士的嘴。

故事四中，优旃是个聪明人，秦始皇和秦二世在位期间的几次修筑计划，他并没有提出反对意见，而是巧妙引导，最终得出涉猎区域和城墙都无法修筑的结论。

当我们要论证一个论点是错误的时候，先假定这个论点是正确的，然后再作合乎逻辑的错引申，进而推论出一个非常明显的荒谬结论来，这样，这个论点便会不攻自破。

换位思考，站在对方的角度看问题

生活中，人们常说，“物以类聚”，能聚就能分，很多事物都能将其分解，在逻辑上也是如此，我们可以将大类分为若干小类。

在我们与他人的辩论和交谈中，经常会谈及一些事物，假如我们对事物的类属关系分不清，就会对概念不清晰，从而造成混乱。比如，我们在提及“马”的时候，就会对“马”的属性进行划分，比如可以以“马”的颜色进行划分，笼统地谈“马”，岂不是很混乱？

为此，在谈话中，无论你是提问者还是应答者，都要学会将问题分解，将大类分成小类。我们先来看下面的故事：

齐宣王问有关卿大夫的事。

孟子说：“大王问的哪一类公卿？”

齐宣王说：“卿大夫还有不同吗？”

孟子说：“有不同。有王室同宗族的；还有异姓的卿大夫。”

齐宣王说：“那我请问王室同宗族的公卿该如何。”

孟子说：“君王有过失就劝谏；反复劝谏还不听从，他们便改立他王。”

宣王听了勃然变色。

孟子说：“大王不要怪罪。您问我，我不敢不说真话。”

稍许，宣王脸色正常了，又问非王族的异姓卿大夫。

孟子说：“君王有过错，他们便加以劝谏；反复劝谏还不听，他们便辞官离开。”

这段对话中，齐宣王所说的“卿”的概念比较笼统，但是孟子不想笼统地给出答案，所以才对“卿”进行了划分：“有王室同宗族的；还有异姓的卿大夫”，以达到明确“卿”这个概念，便于阐述自己观点的目的。

1902 年元旦，蔡元培在杭州举办了他一生中的第二次婚礼。婚礼前，蔡元培与黄仲玉就议定，婚礼要节约、免俗，而且要中西合璧。婚礼上，夫唱妇随，不循浙俗挂三星图，而用大红幛绣“孔子”二字悬于中堂，以示尊崇文明和教育。午后，又以召开演讲会的形式来代替闹洞房。演讲会上，有的来宾引经据典，论述男女平等；有的则认为不然，并举例：“倘黄夫人学行高于蔡先生，则蔡先生应以师礼视之，何以平等？倘黄夫人学行不及蔡先生，则蔡先生以弟子视之，又何以平等？”

蔡元培则含笑回驳：“就学行言，固有先后，就人格言，总是平等。”妙语惊座，无不赞赏。蔡元培与黄仲玉的婚礼，开一代新风，一直为友人传为佳话。

蔡元培的婚礼上，大家谈及的是总体的“夫妻关系”，而这一关系很难笼统地回答，也容易引起混乱，所以此处蔡元培运用分解法，将“夫妻关系”划分为“学行关系”和“人格关系”，这样，从两个角度说，就不得不让人佩服。

谈话中，任何情况下，我们都要明确概念，而对于提问者和应答者双方来讲，说话时都有可能出现一些大的概念，此时我们要进行分解，以此来更清晰地阐明观点。

避免惯性思维逻辑错误

在讨论这个问题之前，我们先来思考一下，假如我们在房间里最显眼的地方挂一个漂亮的鸟笼，过不了几天，主人一定会做出下面两个选择之一：把鸟笼扔掉，或者买一只鸟回来放在鸟笼里。过程很简单，设想你是这房间的主人，只要有人走进房间，看到鸟笼，就会忍不住问："鸟呢？是不是死了？"当你回答："我从来都没有养过鸟。"人们会问："那么你要一个鸟笼干什么？"最后你不得不二选一，因为这比无休止的解释要容易得多。

为什么会出现这样的现象？人们通常情况下采取的是惯性思维而不是逻辑思维。

那么，什么是惯性思维呢？思维定势（Thinking Set），也称"惯性思维"，是由先前的活动而造成的一种对活动的特殊的心理准备状态，或活动的倾向性。在环境不变的条件下，定势使人能够应用已掌握的方法迅速解决问题；而在情境发生变化时，它则会妨碍人采用新的方法。消极的思维定势是束缚创造性思维的枷锁。

看似是在借助于概念、判断、推理，以反映现实的逻辑思维，实际却往往只是习惯性地因循以往的思路来进行思考的惯性思维。

有一个学者给他的学徒们讲了一个故事：五金店里面来了一个哑巴，他想买一个钉子。他对着服务员，左手做拿钉子状，右手做握锤状，用右手锤左手。服务员给了他一把锤子。哑巴摇摇头，用右手指左手。服务员给了他一枚钉子，哑巴很满意，就离开了。这时五金店又来了一个盲人，他想买一把剪刀。这时，学者就问：这个盲人怎样以最快捷的方式买到剪刀呢？一个学徒说，他只要用手作剪东西状就可以了。其他学徒也纷纷表示赞成。学者笑着说，你们都错了，盲人只要开口讲一声就行。学徒们一想，发现自己的确错了，因为他们都在用惯性思维思考问题。

惯性思维，不仅会导致判断错误，更大的危害是因之身处险境却浑然不觉。

有一天张先生独自在家，突然听到有人"咚咚咚"敲门，于是张先生去开门，但发现没有人；过了一会儿，又听到有人"咚咚咚"敲门，张先生去开门，发现又没有人；又过了一会儿，还是有人"咚咚咚"敲门，张先生去开门，发现还是没有人；如此反复了四五次，当门上再次响起"咚咚咚"的时候，张先生已经上床准备睡觉了，于是他便没有起来开门，而是自顾自地睡着了。

于是，第二天发现房间被偷空了……

故事中的张先生犯的就是惯性思维的错误。同样，我们在说话中，如果被惯性思维束缚的话，也会出现逻辑混乱、啼笑皆非的情况。那么，我们该如何在说话时破除惯性思维呢？

清朝时期，通山县有个叫谭振兆的人，小时候因为家里比较宽裕，父亲给他定了亲，亲家是同村的乐进士。后来，谭父死了，谭家的经济条件渐渐衰退，远不如以前，乐进士便想赖婚。

一天，谭振兆卖菜路过岳父家，就进去拜见岳父。乐进士对他说："我做了两个阄，一个写着'婚'字，另一个写着'罢'字。你拿到'婚'，就把女儿嫁给你；拿到'罢'字，咱们就退婚，从此谭乐两家既不沾亲也不带故。不过，两个阄你只看一个就行了。"说完就把阄摆出来。谭振兆心想：这两个阄分明都是"罢"字，我不能上他的当。想到这，他立刻拿了一个阄吞在腹中，指着另一个对乐进士说："你把那个阄打开看看，如果是'婚'字，我马上就离开这，咱们退婚；若是'罢'字，那就说明我吞下的是'婚'字，这门亲事算定了。"乐进士煞费苦心制造的骗局却被谭振兆识破，没办法只好把女儿嫁给了谭振兆。

能够把人限制住的，只有人自己。人的思维空间是无限的，像曲别针一样，至少有亿万种可能的变化。故事中的谭振兆是个聪明人，他一反常规的思维和说话方式，最终如愿以偿。

说话中，或许你正处于一个看似走投无路的境地，或许正囿于一种两难选择之间，但是这时一定要明白，这种境遇只是因为我们固执的定势思维所致，只要破除思维定势，就能跳出困境，找到出路。

千万不要乱用“强盗逻辑”

生活中，我们在与他人沟通的过程中，会发现，有这样一些人，无论我们怎么讲道理、摆事实，都无法改变他们的想法和观点，其实这类蛮不讲理的人运用的就是“强盗逻辑”，所谓“强盗逻辑”是指逻辑上根本讲不通，强词夺理的思维方式。

比如，我们会听到一些上司对下属说：“若你不想被解雇，就必须认同公司的制度。”

这就是以工作机会强迫员工认同制度，员工不是依据制度好坏来决定认同与否的，这就是典型的强盗逻辑。

又如，有的父母对孩子说：“你不听话，我就把你关起来。”

这也是强盗逻辑，为了让孩子听话，以孩子的自由相威胁，这是极不可取的。

《理想国》中的色拉叙马霍斯即是强盗逻辑的典型代表。

通过以下的文章具体解释：

据说，天地间有这样的逻辑：

“只因为你们的土地太广大了，所以我们要来占领、居住。土地是人类共同的财产，不能让你们独占。”

“只因为你们的江河太多太长了，所以我们的轮船要来自由航行。江河是人类共同拥有的财产，不能让你们独自占有。”

“只因为你们的矿产太丰富了，所以我们要来开采、运走。矿产是大自然赋予人类共同的财产，你们不能独自占有。”

“只因为你们的人民大众太多了，不利于资源的平均分配，所以要分一部分去替我们劳役。”

“只因为你们的文物古董太有价值了，我们要把你们的文化传播到更远的地方，所以我们要带走一部分。”

“只因为你们太……所以我们要……”

“我们并不愿意这样做，但这是我们的责任，神圣的责任，我们承担着维护世界和平的使命！”

我们再来看看下面的一则小故事：

从前，一伙强盗占领了一块地盘，那地盘自然也就成了强盗们的天下，对地盘上的人征苛捐杂税，对路过的人一律抢劫。

有一年冬天，这伙强盗又抢劫了一群路过的人，照例是把他们抢得精光，连身上的衣服也不例外，看到在寒风里瑟瑟发抖的人们，几个头目商量了一下，在赃物里挑了些衣物扔给遭劫的人群。眼下，对遭劫的人来说，这些衣物确实是雪中送炭，好几个遭劫的人对强盗千恩万谢。

有个遭劫的人壮着胆子对强盗说：“大王，您给的全是我们自己的东西啊，他们还感谢你们，世上哪有这样的天理国法啊？”

强盗头子说：“你好大的胆子，居然敢说这些东西是你们的。老实告诉你，老子们千辛万苦打下这块地盘，在这里占山为王，为的就是有今日，为的就是能把这片地世代相传，为的就是这些东西。在这里，不要说东西，就是你们的人，你们脚下的地，你们头上的天，你们呼吸的空气，你们喝的水，也全都是我们的，我们想怎么样就怎么样。你信不信，我们马上杀了你们。你这小子不知死活，居然同老子讲起天理，讲起国法来！老实告诉你，天理也好，国法也罢，在老子这里就是条变色龙，黑的可变白，白的可变黑，老子的话就是天理，就是国法！”

其他遭劫的人慌忙说：“大王说得对，说得对，这些东西是大王的，是大王的，不是我们的，不是我们的。是大王施舍给我们的。大王能留我们一条命，就是给我们的最大恩赐。我们谢恩，谢恩。”

强盗说：“这才是话，这才是理。想活命的就该这样说。你们若要同我们作对，就是死路一条。”

这就是典型的“强盗逻辑”。“强盗逻辑”是“左之右之，无不宜之”的。他们的道理就是武力、势力等，他们之所以能说出这样冠冕堂皇的大道理是因为他们手上持有充足的、威力强大的“武器”。面对“强盗逻辑”，我们不必多费口舌，因为就算再有道理，也拗不过它。

生活中，我们总会遇到一些强词夺理、不讲道理的人，他们总是试图以“强盗逻辑”来压倒我们，面对这样的人，我们尽量不与之交涉，无须多费唇舌。

善于提问，让对方在不知不觉中说出心里话

我们都知道，在语言表达上，我们说话的句式有很多种，但相对来说，提问、反问等比平铺直述更能产生积极的语言效果。因为如果平淡地陈述一件事，那么就会被认为没有加入说者的个人情感，而提问和反问，则表示了说者的疑问和质疑等，也更能让听者了解我们的想法和情感。当然，反问和提问在具体的语言运用中是有不同的策略的。

1. 反问

所谓“反问”，就是用否定的形式来表达肯定的意思，答案已寓于问句之中，它比正面发问更有力量。反问还有一个妙用，就是在有些问题不便答复又不便回绝时，就可以用反问挡驾。

有一名记者问美国国务卿基辛格：“美国有多少‘民兵’导弹在配置分导式多弹头？”基辛格风趣地说：“我的苦处是知道数目但不知道是否是保密的？”那记者赶紧说：“不是保密的。”基辛格就反问说：“那你说是多少呢？”

一个反问巧妙地踢回了皮球。由此可见，善于运用反问可以使自己的语言更有力量。

民间有这样一个故事：

有一个地主待长工很刻薄，有一次半夜里催长工去干活。长工说：“等我缝完了衣服就去。”地主冷笑说：“天这么黑，你怎么看得见缝衣服？”长工立刻反问道：“既然天这么黑，又怎么能干活呢？”一句反问，驳得地主哑口无言。

据说，某工厂举行“振兴中华读书演讲会”，演讲者方婷婷一出场就说：“我给大家演讲的题目是《论坚守岗位》。”说完就朝会场外走去，台下顿时哗然。过了约两分钟，她又回到讲台上，面对听众说：“如果我在演讲时离开讲台是令人不能容忍的话，那么工作时间擅离生产岗位，难道不应该受谴责吗？”听众沉默片刻，随即报以一片掌声。

一个反问，简明而有力地论证了“坚守岗位”的重要性。以上两个例子无论是阐述自己的观点还是反驳对方的谬误，都生动地说明了巧妙运用反问的效果比陈述句更加强烈。

2. 提问

当然，除了反问这一语言策略外，还有提问。有问，有答；问什么，答什么；怎么问，怎么答，这是一般规律。作为语言策略，提问和回答在言语交际中，又不是这么简单，往往变化无穷。

唐庄宗李存勖是一个昏庸无道的君主，他极爱打猎。

有一次，他带领人马杀气腾腾地来到中牟县打猎。中牟县令闻讯赶忙前去迎驾。县令跪在庄宗马前，为民请命，希望在打猎时不要践踏农民的庄稼。庄宗大怒，呵斥县令道：“你给我滚开！”

伶官敬新磨见势不妙，便带领他的演唱人员把县令捉至庄宗面前，斥责他说：“你身为县令，难道不知道我们的天子爱打猎吗？”

县令低着头说：“知道。”伶官道：“既然知道，你为何要放纵你的百姓种田来向皇上缴纳赋税？为什么不让你的百姓饿着肚子把田让出来给君王打猎？你说，你该当何罪？”说完，便恳请庄宗杀掉县令。其他伶人也一齐唱和道：“请君王让我们把他杀掉！”

庄宗听后置之一笑，随后就让大家放了县令。

这则故事中的伶官是个智者，面对昏庸无道的皇帝即将杀害忠臣良将的情况，他并没有直接阻止，因为这样做的结果只能是让自己也招致杀身之祸，因此，他选择了反问式的幽默，从反面提问："你为何要放纵你的百姓种田来向皇上缴纳赋税？为什么不让你的百姓饿着肚子把田让出来给君王打猎？"很明显，这个问题的答案是利于这位县令的，于是，唐庄宗自己得出了正确的结论，这才放了县令。

与他人沟通的过程中，提问和反问能把本来已确定的思想表现得更加鲜明、强烈。它不但比一般陈述句语气更为有力，而且感情色彩更为鲜明，同时，它还能通过深刻的语言内容和强烈的语气增强说话者的气场，从而最终起到加深听者对所叙事物认识的作用，有言简意赅、引人入目的效果。

第 6 章　思维逻辑指南：思维灵活，逻辑缜密

生活中，我们经常会犯一些逻辑错误，比如话题转移、两难推理、因果倒置等，在进行逻辑推理时，我们应当避免这些错误，也应该在说话中注意推敲自己的逻辑语言，但在某些特定的语言沟通场合下，假借这些“错误”来引导对方按照我们的意愿进行思维，反而有利于达到我们的目的。

说话不要前后矛盾，自己否定自己

我们都知道，在逻辑学中，有一条著名的矛盾律，所谓矛盾律，实际上是禁止矛盾律，或不矛盾律。矛盾律的基本内容是：在同一思维过程中，两个互相矛盾或反对的思想不能同时是真的。或者说，一个思想及其否定不能同时是真的。

矛盾律的公式是：并非 (A 而且非 A)。公式中的“A”表示任一命题，“非 A”表示与 A 具有矛盾关系或反对关系的命题。因此，“并非 (A 而且非 A)”是说：A 和非 A 这两个命题不能同真，亦即其中必有一个命题是假的。

从矛盾律中，我们也能得出一点，即在日常生活和工作中，我们说话时一定要注意逻辑，说话前后不一，只会让我们陷入自相矛盾的境地。

比如，我国战国时期的思想家韩非子曾经谈到过这样一个故事：

有一个卖矛 (长矛) 和盾 (盾牌) 的人，先吹嘘他的盾如何的坚固，说：“吾盾之坚，物莫能陷”。过了一会儿，他又吹嘘他的矛是如何锐利，说：“吾矛之利，物无不陷”。这时旁人讥讽地问：“以子之矛，陷子之盾，何如？”卖矛与盾的人无言以答了。

因为，当他说“我的盾任何东西都不能刺穿”时，实际上是断定了“所有的东西都不能够刺穿我的盾”这个全称否定命题；而当他说“我的矛可以刺穿任何东西”时，实际上又断定了“有的东西是能够刺穿我的盾的”这一特称肯定命题。这样，由于他同时肯定了两个具有矛盾关系的命题，因而也就出现了自相矛盾的情况。

某村子里有个理发师，他规定：在本村我只给而且一定要给那些自己不刮胡子的人刮胡子。请问：这个理发师给不给自己刮胡子？

那么，你可能会产生疑问：理发师给不给自己刮胡子呢？只有两种情况：不给自己刮，或者给自己刮。

如果理发师不给自己刮胡子，那么按照他的规定（我一定要给那些自己不刮胡子的人刮胡子），他就应该给自己刮胡子。这就是说，从理发师不给自己刮胡子出发，必然推出理发师应该给自己刮胡子的结论，这本身就构成了逻辑矛盾。

如果理发师给自己刮胡子，那么按照他的规定（我只给那些自己不刮胡子的人刮胡子），他就不应该给自己刮胡子。这就是说，从理发师给自己刮胡子出发，必然推出理发师不应该给自己刮胡子的结论，这本身也是一个逻辑矛盾。

从语言方面看，在遣词造句时，如果把相反的两个词同时赋予同一个主语，就会发生文字上的矛盾，而这一情况被运用到日常的人际沟通中，也就发生了语言上的逻辑矛盾。接下来，我们再看看下面几个例句：

把反义词同时赋予同一主语，那就会发生文字上的矛盾。这种文字上的矛盾也必然会导致思想上的逻辑矛盾。我们看下面几个例句：

（1）“这里是远离祖国的边疆，却又紧紧联系着祖国的心脏。”

（2）“在海外，我是个穷人家的孩子，当时不要说读书，就连日常生活都不能维持。我爸为了一家人的生活，替资本家做苦工给折磨死了。爸死以后，我就没有书读了。”

（3）“要写好这个戏，困难确实很大。我们几个人都没有从事过文艺创作。

老李虽然写过几篇小说，但写戏还是第一次。不过我们有信心完成这个任务。”

（4）有人说：“所谓信念就是一种坚信不移的观念。世界上有没有信念一类的东西？我可以肯定地说是没有的。”

（5）古希腊哲学家赫拉克利特的学生克拉底鲁说：“我们对任何事物所做的肯定或否定都是假的。”

上面几个例子中，很明显都犯了前后矛盾的错误，这里不必一一细说、分析。然而，在我们的生活中，不少人在说话时也是漏洞百出，前后不一，从而给他人留下话柄。我们再来看看下面的故事：

一个年轻人对大发明家爱迪生说：“我有一个伟大的理想，那就是我想发明一种万能溶液，它可以溶解一切物品。”

爱迪生听罢，惊奇地问：“什么！那你想用什么器皿来放置这种万能溶液？它不是可以溶解一切物品吗？”

这里，为什么这个年轻人被爱迪生问得哑口无言了呢？因为他的想法包含了逻辑矛盾。因为他一方面承认“万能溶液可以溶解一切物品”，另一方面又承认“作为存放这种溶液的器皿是万能溶液所不能溶解的”，这两个判断是互相矛盾的。

当然，我们在说话时，要想避免出现这样的逻辑错误，就要在平时注重逻辑思维的训练，并养成验证语言的习惯，这样，久而久之，就能提升语言的逻辑性。

矛盾律的主要作用在于保证思维的无矛盾性即首尾一贯性。而保持思想的前后一贯性，乃是正确思维的一个必要条件。矛盾律要求对两个互相矛盾或互相反对的判断不能都肯定，必须否定其中的一个。否则，就会犯“自相矛盾”的错误。

如何不露痕迹地转移话题

在逻辑推理中，有一条著名的定律——同一律。同一律的基本内容是：在同一思维过程中，每一思想的自身必须是同一的。同一律的公式是："A是A"。公式中的A可以表示任何思想，即可以表示任何一个概念或任何一个命题。就是说，在同一思维过程中，所使用的每一概念或判断都有其确定的内容，而不能任意变换。

同一律在思维或论证过程中主要在于保证思维的确定性。而只有具有确定性的思维才可能是正确的思维，才能正确地反映客观世界，人们也才能进行思想交流。否则，如果自觉或不自觉地违反同一律的逻辑要求，混淆概念或偷换概念、混淆论题或偷换论题，那就必然会使思维混乱，不合逻辑，既不能正确地组织思想，也不能正确地表达思想。因此，遵守同一律的逻辑要求乃是正确思维的必要条件。

所以，进行逻辑推理时，在同一思维过程中必须保持论题自身的统一，否则就会犯"转移论题"或"偷换论题"的错误。混淆或偷换论题是论证时常见的一种逻辑错误。这种错误是在论证过程中把两个不同的论题（判断或命题）这样或那样地混淆或等同起来，从而用一个论题去替换原来所论证的论题。比如，有人在讨论中学生需不需要学习地理时讲过下述这样一段话：

"我以为中学生没有必要学习地理。某个国家的地形和位置完全可以和这个国家的历史同时学习。我主张可以把历史课和地理课合并，这样对学生是方便的。因为，这样做所占的时间较少，而获得的效果却很好。否则就会这样：这个国家的地理归地理，而它的历史归历史，各管各，不能互相联系起来。"

从这段话里不难看出：谈话者最初提出的话题是"中学生没有必要学习地理"，而随后所论述的却是另一个论题："可以把历史课和地理课合并"。显然，谈话者把后一个论题与前一个论题混淆了，因而他就自觉或不自觉地用后一个论题去偷换了前一个论题。这就是一种混淆或偷换论题的逻辑错误。

我们再来举个例子：

小红反对同性恋婚姻，因为她认为如果我们允许同性恋结婚，那么就会有人想要和桌子、椅子结婚。

很明显，此处，小红犯的也是话题转移的错误。

然而，从这一逻辑错误中，我们也能得到一点启发：转移话题也可以成为谈话技巧。

在交际场合中，往往会遇到一些比较严肃的话题，交际的双方难以在这些事情上达成一致的意见，从而阻碍交谈的正常进行。那么在这个时候，就要刻意地去回避一下严肃的话题，将谈话转移到其他的话题上去，用一些轻松愉快的谈话内容来打破紧张呆滞的局面，转移双方的注意力。这样就能将意见分歧较大的话题做有意识的淡化，让原来僵持的场面重新变得轻松愉悦起来，打破尴尬的局面，将双方心理的负面影响降到最低。

金亚楠和老板陪一个外商用餐。老板热情地请外商点菜，备受感动的外商在看了菜单之后，一时兴起，说了句中国话“tu tou si”，讲完之后又朝着老板笑了笑。谁知老板却火冒三丈，当即指着外商大骂：“你，洋鬼子死！”原来，外商在说“土豆丝”的时候因为发音不准被老板听成了“秃头死”，正好老板是光头，外商的微笑也让老板误以为是嘲笑，因此老板就气冲冲地朝着外商大骂了起来。

当金亚楠告诉老板老外的真实意思时，老板顿时暗自后悔刚才的冲动。而外商对老板的斥骂感到不解，同时对他的粗鲁也面露愤怒。于是双方陷入了巨大的尴尬之中。

为了避免这次因误会而错失机会，金亚楠便用英语向对方解释道：“在我们中国有打是亲骂是爱的俗语，刚才我们老总的行为其实是事先精心安排好的，他并不是要骂您，而是一种示好的方法。可能是因为您对中国文化不太了解的缘故，导致您对他的举止感到不喜欢……”

外商听到之后，转怒为喜，笑着说："这实在是太有趣了，不过，我可不可以不死啊？我还以为你们老板不喜欢吃'秃头死'呢……"，外商发出阵阵爽朗的笑声，而老板听到'秃头死'这三个字却总感到不舒服。

金亚楠便继续开玩笑说："我们老总很喜欢'秃头'，就是不喜欢'秃头死'啊！"

"哈哈，那就只喜欢'秃头'好了，'秃头'真的是很不错的！"外商继续哈哈大笑着，老板的脸色也缓和了许多。

每个人都希望自己在社交场合中做到一帆风顺、从容不迫，但是现实却和理想有着很大的差距。在具体的交际中，我们经常会遇到一些让我们措手不及的突发状况。这时候往往会让每一个在场的人都感到异常尴尬，下不了台。在突发的状况下，如果僵持在那里，只顾及自己的不自在的话，别人也会和我们一样感到压抑，最终只会让气氛变得更加凝重，也会让原本可以顺利办成的事情僵持在那里，变为不可能。一个会说话的人能够巧妙地运用一句玩笑话抹去意外发生的尴尬，改变人们的处境和心情，从而营造出一种特有的气氛，让社交场合重新回到欢快和愉悦当中。

面对突发性的事件，没有任何人能够做好事先的准备。而交际场合中尴尬窘迫的现象又是时常发生并且表现不一的，因此，在我们处理这些尴尬的事件时，一定不能拘泥于某个固定的模式，而是要善于分析和思考，从而做出具体的恰当的反应，只有这样才能化窘迫为谈笑，化尴尬为正常。

话题转移虽然是一个逻辑错误，我们在逻辑推理中也应该尽量避免，但也可以成为我们谈话时的一大语言技巧，因为有时它能帮助我们巧妙化解交谈中的一些尴尬场景。

避免陷入逻辑错误而难以自圆其说

我们都知道，在逻辑推理中，很多人不遵循推理的严格性，因而犯了很多逻辑错误，其中就有一点——循环逻辑错误，也就是逻辑学上常常提到的循环论证，循环论证是指用来证明论题的论据本身的真实性要依靠论题来证明的逻辑错误，简单地说，就是用假设论证假设。

例如，杰斐逊教的经文《××》里面说的东西都是真理，因为在《××》第一章第二段里面提到了“杰斐逊所述都是真理”。

很明显，这句话是站不住脚的，因为实际上来说，我们并没有找到能证明杰斐逊教的经文《××》里面说的东西都是真理的真实论据，说话者只是换了一下表达方式而已，这就是犯了循环论证的错误。

生活中，不少人在与人交谈时，都想证明自己的观点和想法是正确的，但是却找不到足以证明自己的理由，但是在说话时却义正言辞、煞有介事地说“因为”“所以”，实际上就是用自己的观点再次证明自己另外一个观点。从语法角度分析是没有错的，但从逻辑推理角度看，却无法成立。

此处，我们可以总结出，所谓循环论证，就是将自己的观点更换一下表达方式，以此来作为证明同一观点的理由。

无论在生活、工作还是作品中，这样的逻辑错误随处可见。

比如，我们都知道，托马斯·阿奎那是欧洲中世纪的哲学家。一次，他说：“铁之所以能压延，是因为它有压延的本性。”我们将这句话压缩一下，能得出“铁能压延，是因为它能压延”。

这样看来，我们便觉得这句话十分可笑，因为阿奎那的这句话中，观点是论据，论据也是观点，如此循环，无法证实。而实际上，他的这段话只有观点，没有实际论据。

又如，两个人谈到鸦片，甲问：“是什么原因和道理，使得鸦片可以引人入睡？”

乙回答：“因为它本身就有催眠的作用”。

其实，我们都知道，“催眠”和“引人入睡”是同一个概念，只是用了不同的表达方式而已，这是常识。所以，乙的回答根本不是证明，而只是对甲的观点的重复，实际上什么也没有证明。

还有个案例，某法院接手了一起案件，案件涉及某人遗嘱的有效性。见证人自称其“见证了被继承人在代书遗嘱上盖了指印”，所以，法院判定该遗嘱有效。

然而这就等于说“因为代书遗嘱是有效的，所以，见证人见证了被继承人在代书遗嘱上盖了指印；同时，因为见证人见证了被继承人在代书遗嘱上盖了指印，所以代书遗嘱是有效的”。

这种谬误也是逻辑上的“循环论证”。如果律师能找到其中的错误，那么就会很容易驳回判决的。

可以说，循环论证是一种逻辑智商破产的谬误，因为你把你的前提假设默认为真的，然后利用循环论证的方式来证明它。

其实，循环论证的逻辑错误很明显，只要我们运用充足理由和法律对其进行分析，就很容易证明它的无效。

当然，生活中也会出现因为一时的疏忽而说错话的时候。那么，我们就要想着及时收回，多动脑子，做自圆其说或者及时的补救，把口误修补得天衣无缝，避免给别人造成伤害。

某市举行了一次全市规模的联考，其中一个班级的数学和英语成绩在全市名列前茅。庆功会上，校长这样评价说：“这次大家考得好，是因为大家发挥得不错。”

在座老师们听罢议论纷纷，认为校长的说法显然是欠妥的，“考得好，不就是发挥得好”吗？

校长意识到自己说错了话，面对大家的议论，又不能用权势去压制，于是灵机一动，就“嘿嘿”地笑了起来，他说：“你看，我今天真是糊涂了，我的意思是，我们考试时一定要注意调节身心，不能紧张，这样才能发挥好自己的水平。”

在座的诸位老师听完校长的话之后，马上就停止了议论，并且佩服校长的机智。

校长在谈笑之间给了自己一个台阶下，因此摆脱了说错话的尴尬，这种应变能力实在是高。

俗话说“祸从口出”。无论你的出身多么优越，经济实力多么强大，如果在说话的时候不经过考虑，也不会得到别人的认可和尊敬。一个说话不经过大脑的人，就会管不住自己的嘴巴，很容易陷入循环论证的错误中，那么就无异于在自己的身上绑了一颗定时炸弹，给别人，更给自己带来无尽的灾难。因此，在人际交往中，一定要牢记，说话的不仅仅是嘴巴，更重要的是脑子。

在生活中，一些人在谈话时，先用某个理由来证明自己的观点，然后又以观点来证明理由，如此就陷入到了一种周而复始的兜圈子之中，这是一种间接的循环论证。

说话切莫模棱两可

我们都知道，逻辑思维是确定的，而不是模棱两可的；是前后一贯的，而不是自相矛盾的。然而，在推理中，人们却常常出现两难逻辑的错误，也就是“模棱两可”，“模棱两可”就是同时肯定两个互相矛盾的判断，这违反了逻辑推理中的矛盾律。

另外，在日常交往中，与人谈话往往是很愉快的事，但也有自己说的话被别人误解的时候。主要也是因为他们犯了一个逻辑错误——两难逻辑，因为我们日常交谈所用的话语中，有不少词语在不同的条件下使用，往往有不同的含义，有的甚至完全相反，它给我们带来不少麻烦，遇到这种言辞一定要慎重处理，切勿鲁莽行事。

所以，话一定要说得明确、具体，措辞得当，千万不要模棱两可，不要用那种话中有话的句子，以免引起误解。

古希腊有一个名叫欧提勒士的人，他向著名的辩者普罗达哥拉斯学法律。两人曾订有合同，其中约定在欧提勒士毕业时付一半学费给普罗达哥拉斯，另一半学费则等欧提勒士毕业后头一次打赢官司时付清。

但毕业后，欧提勒士并不执行律师职务，总不打官司。普罗达哥拉斯等得不耐烦了，于是向法庭状告欧提勒士，他提出了以下两难推理：如果欧提勒士这场官司胜诉，那么，按合同的约定，他应付给我另一半学费；如果欧提勒士这场官司败诉，那么按法庭的判决，他也应付给我另一半学费；所以他这场官司无论胜诉还是败诉，都应付给我另一半学费。

而欧提勒士则针对老师的理论提出一个完全相反的两难推理 如果我这场官司胜诉，那么，按法庭的判决，我不应付给普罗达哥拉斯另一半学费；如果我这场官司败诉，那么，按合同的约定，我也不应付给普罗达哥拉斯另一半学费；所以，我这场官司无论胜诉还是败诉，都不应付给他另一半学费。

我们姑且不去探寻这一案件最后的结果。很明显，案列中的欧提勒士和普罗达哥拉斯，因为所占在的角度不同，针对同一件事，进行了不同的逻辑推理，进而得出了不同的答案，其实这也是违反矛盾律的。

犯两难逻辑错误的案例还有很多，我们举出一部分：

1. 上帝的石头——上帝能造出一块他举不起来的石头吗？

如果他能造出这样的石头，说明他不是万能的，如果他造不出来也说明他不是万能的！——用于驳斥上帝万能说！

上帝是万能的，那么他能造出一块他举不起的石头，如果他造出了他举不起的石头，那么他就不是万能的。

2. 有这样一个故事

父亲对他那喜欢到处游说的儿子说：“你不要到处游说。如果你说真话，那么富人恨你；如果你说假话，那么穷人恨你。既然游说只会招致大家恨你，你又何苦为之呢？”

3. 米诺和苏格拉底的故事

米诺：你在追求真理？

苏格拉底：对，我在追求真理。

米诺：那么，你知道什么是真理？

苏格拉底：不知道。

米诺：你既然不知道什么是真理，那么即使遇到了真理，你也无法辨别它是不是真理，如果你能够辨别出真理，那就说明你已经知道真理了。

4. 高尔基的小说《三人》中有这样一个片段

“你出门时，是在这个杀人案子之前呢，还是之后呢？”警察故意漫不经心地问。

如果那人（杀人犯）回答：之前。说明他事先已经知道时间，必然是杀人犯；如果那人回答：之后。也说明他事先知道犯罪时间。都是“自证其罪”！

5. 美国发生过这样一个故事

法官利用逻辑学（两难推理）让犯罪嫌疑人自证其罪的著名例子：

“你还敢再打你的父亲吗？”，犯罪嫌疑人果然落入圈套，因为无论回答 yes or no 都是自己证明自己以前确实打过！

在中国的某个法庭上，也审理过一起家庭暴力案件。

女方告男方有家庭暴力，多次殴打她；男方死不承认，又没有受伤的证据。法官就问：

“过去的事情就算了！我只问你（男方），你还敢再打你的老婆吗？”

犯罪嫌疑人很可能希望就此结束，于是回答：“我以后再也不打老婆了！”

这不是“自证罪行”吗？这就是“两难推理”！

很明显，以上案例中，说话者都陷入了两难逻辑中，但却也不失为一种语言策略。虽然我们在说话时要尽量避免模棱两可的错误，但是在某些特定场合下，我们可以使用这一方法应付无法回答的问题。

1988年，第二十四届奥运会在韩国首都汉城举行。第二次参加奥运会的中国代表团备受世界各国媒体的关注。当中国奥运会代表来到汉城的时候，记者纷纷问中国代表团团长李梦华："这次奥运会中国能拿几枚金牌？在这次比赛中，中国的奖牌总数能超过南朝鲜吗？"

李梦华回答说："等10月2日之后，你们就肯定什么都知道了。"

记者们还是不死心，继续追问说："中国的新华社曾经预测说这次奥运会你们能够拿到8～11枚金牌，您认为是这样的吗？"

李梦华这次作了巧妙的回答："中国有充分的言论自由，记者怎么想就可以怎么写！"

事例中的李梦华使用的是"搪塞法"，顾名思义，就是在回答别人问题的时候选择一些模棱两可的语言，挑选一些没有任何实际价值的信息去应付对方。可见，避开实质性的问题，故意用模棱两可的语言作出具有弹性回答，既无懈可击，又达到了在重要问题上拒绝作出答复的目的，这种方式比直接说"不"显得一个人更有智慧，更有风度。

从逻辑推理的角度看，两难逻辑违反了逻辑学中的矛盾律，是模棱两可的，但是在具体的谈话中，我们可以适当使用这一语言策略，以此达到我们沟通的目的。

因果倒置：由因及果的推理

我们都知道，事物之间是存在因果联系的，研究事物现象间的因果联系，是进行科学归纳推理的必要条件。那么，我们首先应该弄清楚的是：什么是因果联系？如果某个现象的存在必然引起另一个现象的发生，那么这两个现象之间就具有因果联系。其中，引起某一现象产生的现象叫作原因，而被某一现象引起的现象叫作结果。

在逻辑推理上，有一种逻辑错误——因果倒置，所谓因果倒置，指的是将结果当作原因，将原因当作结果。隐蔽性在于有时候因果性非常复杂，或者论证需要用高深的专业知识。

举例：

物价上涨是通货膨胀的主要原因，因此只要控制住物价，就可以控制通货膨胀。

很明显，这句话中，关于“物价上涨”和“通货膨胀”之间的关系，被说话者颠倒了，这就是因果倒置的逻辑错误。

当然，生活中，一般我们不会犯这样的错误。不过，从这一逻辑错误中，我们也可以得出一点谈话和思维技巧，我们可以从果开始向因逆向推理，这就是回溯推理思维方法，这一方法最主要的特征就是因果性，在通常情况下，由事物变化的原因可知其结果；在相反的情况下，知道了事物变化的结果，又可以推断导致结果的原因。

我们都知道，人在某一时刻只能做一件事，在某一时刻也只能朝着某个方向思考。而通常情况下，人们的逻辑思维习惯是，从因到果思考，而反过来就是提倡由果及因思考法。也就是“倒过来”想，是相对正向思维而言的。所谓正向思维，指的是按照事物发展的一般顺序，也就是时间和空间上的顺序进行分析，进而得出事物的结果，也就是我们常说的由因及果的思维方式。而逆向思维的顺序恰恰相反，由结果（或结论）去分析，进而寻求产生这一结果（或结论）的原因（或条件），也即由果寻因的思维方式。

可见，如果你希望得到事物的原因，你就可以选用回溯推理法——由“果”推“因”。由果及因，一叶落而知天下秋，回溯推理法又称为溯源推因法，有广义和狭义两种理解。广义上是指根据事物发展过程所造成的结果，推断形成结果的一系列原因的整个逻辑思维过程；而狭义上则是指从事物的结果推断其原因的一种思维方法。

这种逆向思维方法的应用极其广泛，尤其是在案件的侦查工作上。在实际中，要结合运用其他思维方法、观察方法、实验方法，然后经过正确的推理才能成功。

例如，在 20 世纪初，非洲流行着一种可怕的昏睡病。许多当地人患了这种疾病后，就陷入无休止的睡眠当中，直到死去。在这里，死是结果，而昏睡病是导致死亡的原因。

为了治疗这种疾病，有人给患者服用一种叫作阿托品的化学药品，虽然将导致昏睡病的锥虫杀死了，但患者病愈后却常常伴有双目失明的痛苦。从因果关系上看，杀死锥虫和失明都是“果”，而“因”是服用阿托品所致，可以说这个是一因二果。面对这样的结果，德国细菌学家埃尔立西设想：能不能把“阿托品”的化学结构改变一下，使一因二果变成一因一果，即只是杀死锥虫而不至于损害视觉神经？埃尔立西经过无数次的试验，终于和日本学者秦左八郎一起发明了砷制剂“606”，成为治疗昏睡病的有效药物，为化学疗法的发展做出了重要的贡献。

比如，市场上出售的无烟煎鱼锅就是把原有煎鱼锅的热源由锅的下面安装到锅的上面。这就是利用逆向思维，对结构进行反转型思考的产物。

香港一家专营胶黏剂的商店，为了让一种新型“强力万能胶水”广为人知，店主用胶水把一枚面额价值千元的金币粘在墙壁上，并宣称：“谁能把金币掰下来，金币就归谁所有。”一时，该店门庭若市，登场一试者不乏其人。然而，许多人费了九牛二虎之力，仍然徒劳而归。有一位自诩“力拔千钧”的气功师专程赶来，结果也空手而归。于是，“强力万能胶水”的良好性能声名远播。

当然，这家胶黏剂商店终于如愿以偿了。

材料中新产品一上市，之所以“获得巨大效益”，一是因为该强力万能胶水粘后能“岿然不动”的有目共睹的过硬质量，二是由于公司采用了非同寻常的营销宣传策略。于是，我们便能顺理成章地分别得出“事实胜于雄辩”、“酒香还需巧吆喝”的结论。相比之下，后者更富有时代气息。

这里，这家公司采用的便是由果及因的思考法。的确，事物都是互相联系的。比如，有很多事物就是以因果关系的联系形式存在的。青少年朋友们，在生活中，当你看到某种现象时，也应该有查找造成该现象原因的愿望，如果经常练习，你的逆向思维能力就一定会大大提高。

回溯推理在逻辑结构上包括以下要素

（1）观察到的待解释的现象；

（2）导致观察现象的可能的原因作为结论；

（3）结论蕴含观察到的现象是一般规律或常识。

如果用P表示观察到的现象，用C表示回溯推理中推测的导致现象的原因，那么，回溯推理可以用下列公式表示：

P已知的现象

C→P推理者已知的一般性知识

C该已知现象的原因或条件

当然，要掌握这一逻辑思维方法，就要有很强的逻辑推理能力，对此，青少年朋友们，你们可以通过某些方式来进行自我训练。例如，多读一些侦探小说、武侠小说，这有利于回溯推理思维能力的提高。英国著名作家阿·柯南道尔著的《福尔摩斯探案全集》，就是一部十分精彩的侦探小说，也可以说是一部回溯推理的好教材，不妨认真读一读。

故事中的福尔摩斯之所以能出奇制胜，原因就在于他掌握了回溯推理这个行之有效的思维方法。

事物的因果是相互依存的，同时也是辩证的。而回溯推理思维方法就是从事物的“果”倒回到事物的“因”的一种逻辑推理方法。

比喻可以增加谈话趣味性，但要慎用

在我们的现实生活中，相信不少人在说话时都喜欢打比方，这样能更形象鲜明地展现我们的观点，也能让对方更轻易地理解我们的想法。然而，不少时候，因为缺乏逻辑推理，我们举出的例子其实是不恰当的，也是不能证明我们的观点的，这是常见的逻辑语言错误，也常在生活中给我们造成困扰。我们先来看看下面的故事：

说话是一门艺术，说话要讲究技巧，说话要讲道理，更要讲事实，但前提是我们打比方的内容要真实、贴切，能佐证我们所说的内容，能一针见血。我们再来看下面的故事：

有一位擅长写小说的青年女作家，其追随者不少，但也有一些反对者，这些人抨击说：“她不是一个老处女吗？怎么能把男女之间的恋爱情节写得那么逼真呢？难道她的生活原来是如此……吗？”

听到这种流言蜚语后，这位女作家马上在报上登载一则启事：“如果这种逻辑真能成立，我想请问，是不是只有登上过火星的作家，才写得出关于火星人的作品？一个在内陆长大的人，为什么敢断定餐桌上的海鲜营养丰富呢？是不是一定要坐过牢的作家，才能够写出有关囚犯的小说？难道要写灵异或科幻小说的人，一定要先死一次到了地狱做了鬼，才能写出来吗？”从此以后，再也没有人对这位女作家的作品发出质疑了。

俗话说：“打蛇要打七寸”。为什么要打“七寸”？因为那是蛇的要害，同样，反驳他人也要一针见血，击中要害，不要唯唯喏喏，只有当你的话说得有分寸，说到了点子上，你才能打动人心，才能达到你的辩理劝说目的。而此处，这位作家给出的例证就是恰当的，运用类比推理法就能证明她的观点。

1984年5月5日，巴金先生参加了在东京召开的第47届国际笔会，大会总议题是“核时代的文学和作家的关系”。在前面几位著名的作家发言以后，巴金作了精彩的发言。开头是这样的：

在广岛原子弹爆炸十年后，一个12岁的小姑娘发了病。她相信传说，以为自己折好一千只纸鹤就能恢复健康。于是她躺在病床上一天天折下去，她不仅折了一千只，还多折了三百多只，但是她死了。人们为她在和平公园里建立了“千羽鹤纪念碑”，碑下挂着全国儿童送来的无数只纸鹤。我曾经取了一只用蓝色硬纸折成的纸鹤带回上海。我没有见过她，可是这个想活下去的小姑娘的形象，经常在我眼前出现。好像她在祈求我保护她，不让死亡把她带走。倘使可能，我真愿意用我的生命换回她的幸福！……

这个令人伤感的故事表达了巴金对和平的祈求和渴望，一下子就深深地打动了全场听众。接着，巴金过渡到“核时代的文学和作家的关系”这个主题上来，水到渠成，自然妥帖。

我们应从巴金和上面女作家的话中吸取经验，打比方时陈述的一定要是事实，要经得起逻辑的推敲，这样，听者才会对你产生信任。当然，我们还要遵循这样几个原则：要短小，不然就成了故事会；要有意味，促人深思；要与谈话内容有关。

我们在谈话中“打比方”，要贴切自然，并且要与我们所想要表达的观点之间存在一定的联系，而且，无论什么陈述，必须建立在真实可信的基础上，一切有失真实的言辞都有可能被听者识破而使得整个谈话黯然失色。

第7章　有效说服攻略：能够说服人心的技巧

在现代社会中，无论你处于什么位置，都需要与他人合作才能达到自己的目标。在很多情况下，你需要别人接受自己的想法、观点，然后与你共同采取一致的行动，这就需要具备说服他人的本领。可以说，一个不善于说服他人的人，他的一切就无从谈起。既然说服力这么重要，那么，我们就要尽可能地使自己的说服成功。当然，要想自己能成功地说服别人，就需要掌握说服的技巧。

找到对方的兴趣点来博取好感

在人际交往中，我们若想说服对方，就必须先接近对方，让对方对自己产生好感。而能用来接近对方的话题可以说俯拾皆是，关键在于要善于根据特定的情境去发掘共同话题，并恰到好处地运用。人们都有这样的心理：与志趣相投的人谈话其乐无穷，与志趣相异的人谈话则是“话不投机半句多”。掌握人们的这一心理后，我们在交谈时，如果从对方的兴趣爱好切入话题，让对方感到你与他志趣相投后，话匣子自然就打开了。而一旦话匣子打开后，我们说服对方的过程也就容易得多了。

德国实业家哈根想向银行贷一笔款开发公寓，于是拜访了银行经理肖夫曼。

哈根：“肖夫曼经理，您好！今天温布尔敦网球赛停赛，我估计到办公室准能找到您。”

肖夫曼：“哈哈，哈根先生对网球也有浓厚兴趣？”

哈根：“好汉不提当年勇喽。年轻时，我还参加过温网赛呢，可惜第一回合就被淘汰了。”

肖夫曼：“哦，原来是温网英雄。”

两人自然说到网球球星的许多轶事，这让肖夫曼觉得两人十分投缘，大有相见恨晚之感。最后，哈根如愿以偿，与银行达成了利率优惠的贷款协议。

哈根之所以能从银行顺利贷到款，是因为他提前了解到肖夫曼有个嗜好：网球。于是来了个“投其所好”，巧妙地打开了肖夫曼的话匣子，因为双方都是网球迷，下面的业务问题就自然好谈得多。

当你说服对方时，是否被拒绝过？如果有，这就表示对方对你产生了戒备心理。如果对方有戒备心理，那么你对他的说服工作自然就很难进行，所以，在你进行说服之前，必须先仔细观察对方的言行举止，然后采取相应的策略。对于有戒备心理的人，最好的说服方法是从对方身上找到共同感兴趣的话题。之所以与有戒备心理的人进行情感交流有困难，主要原因就是对方有“我和你属于两个完全不同的世界”这种思想。如果对方认为在各方面都与你格格不入，那么，他就不会与你进行沟通。然而，说服者要解决这个问题，就应该让对方意识到，你们是属于同一个世界，即同一个集体的。

那么，我们该怎样打开对方的话匣子呢？

1. 从对方关心的对象谈起

交谈时如果能从对方十分关心的对象切入，也就是一种投其所好的方式，那么就有利于打开交谈局面。其实，我们不必绞尽脑汁地寻找对方感兴趣的话题，因为一般来说，生活中人们一般都会关注这些话题：

你可以谈足球，篮球和其他运动；

你可以谈食物、谈饮料、谈天气；

你可以谈生命、谈友情、谈光荣；

你可以谈同情心、谈责任感、谈真理；

你可以讨论书籍、电影、广播节目、国际新闻或本地新闻；

你们可以交换一下对关于某本杂志上一篇文章的看法；

……

诸如此类，都是很好的谈话题材。

2. 从对方最深切的情缘谈起

人都是有情感的，交谈时，如果能从对方最深切的情缘切入，情深意切地与对方交谈，往往就能使其打开话匣子，达到交谈的目的。比如，你可以从对方的口音入手，“您也是××吗？”

3. 从对方“在行”的话题谈起

常言道“三句话不离本行”，人们都喜欢谈论自己在行的话题。因此，我们与他人交流时，要想接近对方，可以从他最精通的话题谈起，这样常常能够引发对方的谈话兴趣，唤起对方的成就感，让他觉得与你有共同语言，那么交谈就会有好的结局。而对于你所熟悉的专门学问，如果对方不懂，也就不会产生兴趣，那就请免开尊口。

假如对方是医生，你对医学虽是门外汉，也可以用“问”的方法来打开局面。“近来感冒又流行了，贵院大概又要费心一阵子了吧？”这样一来，对方的话匣子就打开了，你可以从感冒谈到症状、药品和补品等，只要双方都不厌烦，话题就可以一直谈论下去。

4. 有些问题不可问

与他人谈话的时候，有的事情需要特别注意：

不要问及对方的花费，比方说别人衣饰的价钱或送礼的价值以及请客所花的费用等，这会让人觉得你触及了他的经济能力或者怀疑他送礼的心意；

也不可以问女子的年龄（除非她是六岁或六十岁左右的时候）；

不可问别人的收入；

不可详问别人的家世；

不可问别人用钱的方法；

不可问别人工作上的机密。

“己所不欲，勿施于人”，凡是你不想让人知道的事，你也应该避免询问对方。谈话的目的在于引起对方的兴趣，而不是使任何一方感到没趣，能令对方滔滔不绝是你说话的本领，也是你增长见闻的方式。

用真诚取得对方的信任

人与人之间是存在一定的沟通屏障的，也是存在一定的戒备心理的，这就导致了我们说服别人的困难。古人云：“感人心者，莫先乎情。”说服别人在很大程度上可以说就是情感的征服。只有善于运用情感技巧，动之以情，以情感人，才能打动人心，以致说服别人。

某电话公司曾碰到一个很凶的客户，这位客户对电话公司的有关工作人员破口大骂，威胁要拆毁电话。他拒绝付某种电信费用，他说那是不公正的。他写信给报社，还向消费者协会提出申诉，并到处告电话公司的状。电话公司为了解决这一麻烦，派了一位最善于沟通的“调解员”去会见这位惹是生非的人。这位调解员静静地听着那位暴怒的客户大声地“申诉”，并对其表示同情，让他尽量把不满发泄出来。

3个小时过去了，调解员非常耐心地倾听着他的牢骚。此后，他还两次上门继续倾听他的不满和抱怨。当调解员再次上门去倾听他的牢骚时，那位已经息怒的顾客把这位调解员当作最好的朋友看待了，并自愿把所有该付的费用都付清了。

这则故事中，调解员为什么能成功说服这位惹是生非的客户并与之成为好朋友呢？这是因为他动用了情感的力量，并利用了倾听的技巧，友善地疏导了暴怒顾客的不满，于是这位很凶的客户也通情达理了，矛盾冲突就这样彻底解决了。

我们都知道，牧师布道宣传的是唯心主义的宗教，但因以情动人，往往能在催人泪下的同时，不露痕迹地对听众施加思想影响，使人不知不觉地接受其教义。这就是情感的力量。

的确，情感是沟通的桥梁，要想说服别人，必须跨越这一座桥，才能到达对方的心理堡垒，进而征服别人。在劝说别人时，应推心置腹，动之以情，讲明利害关系，使对方感到你的劝告并不带有任何个人目的，没有丝毫不良企图，而是真心实意地帮助他，为他的切身利益着想。这时对方才是愿意相信你的。

那么，我们在说服他人的过程中，如何做到以情动人呢？这需要你掌握以下三步：

第一步，动之以情

这需要我们在说话的时候以事比事，将心比心，吸取自身或熟人的经验教训，再加上感情色彩浓厚的语言，去进行绘声绘色地诉说。这样容易令人感到亲切可信，引发情感上的共鸣，从而为接受你的想法扫清障碍，铺平道路。

第二步，晓之以理

动之以情是说服别人极为常用的方法。而晓之以理，就是讲道理，通过简单的事情，比如，一两个典型事例，再加上简明、扼要的分析，道理就足以讲清楚，讲明白。

第三步，衡之以利

对于那些利益观念很强的人，理难服他，情难动他，唯有“衡之以利”是切实有效的一招。且不论对国家、对社会的利害如何，只从个人实实在在的得失考虑，他也应趋利避害，接受你的意见。

当然，复杂的事情涉及多方面的因素，触动一点就有可能牵动全局。因此，必须全方位、多层次、多角度地进行一系列的说服工作，从多方面展开心理攻势，并以严密的逻辑推理为支撑，水到渠成地得出结论。

实例更有说服力

所谓说服，即用理由充分的话使对方信服。说服工作主要是做人的思想工作，是做调动人的积极性以接受自己观点的工作。而说服别人，如能从被说服对象的心理角度入手，往往能取得事半功倍的效果。作为被说服的一方，他可能并不相信你，但他绝不可能不相信充分的事实证据。

有这样一个事例：政府准备建立心脏病研究基金会，在听证会上，对它的可行性进行调查。其中一位医生的发言与专家们的严密论证不同，他对参加听证会的政府官员们说："你们正处在人生、事业的顶峰，却是最易患心脏病的人。"由于这个医生的发言抓住了官员们的切身利益，所以取得了较好的效果，他们欣然采纳了他的意见。

"二战"初期，美国一些科学家得悉德国正在试制原子弹，于是请爱因斯坦写了一封信，托罗斯福的私人秘书萨克斯转交总统，希望罗斯福同意在美国也试制原子弹，但罗斯福断然拒绝。萨克斯就讲述了一段历史：英法战争期间，在欧洲大陆上不可一世的拿破仑，在海上却屡遭失败。美国发明家富尔顿劝他撤去船上的风帆，装上蒸汽机，把木板换成钢板，这样可提高战斗力。可拿破仑固执地认为船没风帆不能航行，木板换成钢板会下沉，因此未予理睬这一建议。如果当时他多动一下脑筋，18 世纪的历史可能就得改写了。听了萨克斯的话，罗斯福若有所思，终于同意了科学家们的建议。

在这个故事中，萨克斯巧借历史知识成功地说服了总统。古今中外，此类事例不胜枚举。说服别人接受自己的观点、意见、办法等，是复杂而困难的行为。而人类在社会交际中又时时、处处离不开说服，要想成功说服对方，展现现实例证是最有力的方法。

可见，想说服他人，就要用事实说话，这样才能让那些不信服的人彻底地相信你。人们常说摆事实讲道理。事实是道理的依据，也是促使整个说理过程生动有力的媒介。很多时候道理讲多了，并不见得有说服力，而摆出一两个与所说之理相适应的鲜明而具体的事实却有难以辩驳的说服力。因此，说服别人要记住用事实说话。

几年前南京报纸上刊载了一篇骇人新闻：《一台沙松冰箱爆炸》，并配以现场照片。这一突发的意外事件，对沙松冰箱厂来说无疑是一个沉重的打击，如果不能得到很好的处理，就会严重影响企业的形象和产品的信誉。

沙松冰箱厂领导在处理这一事件时，不仅仅靠单纯的辩解，而是针对社会公众急于了解事实真相的心理，采用事实交流法，用事实“说话”。即电冰箱门虽然被炸破了但冰箱仍在制冷，而爆炸的原因是用户将乙烷气瓶放入了冰箱，从而赢得了广大用户的信赖，企业也因此摆脱了窘境。

运用事实交流法进行说服，可以打破僵局增进了解，使说服更加有力。因为事实本身可以使领导者言重如山，取信于人。采用事实交流法进行说服，要求领导者在说服前准确地把握事实，在说服中巧妙地运用事实。

用事实说话，就要掌握语言表达技巧的要领：

1. 摆事实

你的观点是否可信，在于你的证据是否可信，论证是否符合逻辑。这就需要你列举出一些有说服力的证据，通过论证的方式，将各种方案的优劣、长短逐一进行比较分析，并从中优选出最佳的方案来。

2. 针对对方心理“对症下药”，为其提出新主张

提出你的新主张，才能让对方更彻底地放弃自己的旧主张。

总之，摆事实，讲道理，这是说服他人最有效的方法。

劝人不能太直白，含蓄点儿更有效果

我们在说服他人的时候，要想成功说服对方，首先就必须进入对方的内心世界。如果一开始就针锋相对，那么，对方就会产生逆反心理，我们也很难达到说服的目的。在很多时候，人们往往都很喜欢争论，特别是在聊天的时候，不论大事小事，为了说服对方，都喜欢争辩一番。

从某种意义上说，争论是人的一种天性。因为思想、认识的不同，其中一方为了说服另一方，就会发生争论，而这也正是人们认识的一个误区，他们认为只有争论才能说服别人。人又都喜欢显示自己的聪明，认为在争论中击败对方是一种难得的精神享受。而事实上，心理学知识告诉我们，人们更愿意在愉快和和谐的过程中接受他人的意见，而这也是很多人说服别人取得成功的一个原因。

一个妇人快要过生日了，她不希望丈夫再送花、香水、巧克力或者只是请吃顿饭，她希望丈夫送她一枚钻戒。

她对丈夫说："今年我过生日，你送给我一枚钻戒行吗？"

"什么？"她丈夫惊奇地看着她。

"我今年不想要那些花啊、香水啊、巧克力了。一下子就用完了、吃完了，不如钻戒，可以好好地留作纪念。"

"送你花、请你吃饭，多有情调！而钻戒，什么时候买都可以。"

"可是我现在就想要一枚钻戒，人家都有钻戒，就我没有，就我没人爱……"结果，两个人因为生日礼物居然大吵了一架，甚至闹到了要离婚的地步。

还有一个与之相似的故事，与上面那个故事形成了鲜明的对比：

一个太太，也想要枚钻戒当生日礼物。但她却没有直接对丈夫说，而只是说："亲爱的，今年不要送我生日礼物了，好不好？"

丈夫诧异地问："为什么？我当然要送。"

“明年也不要送了。”

听完这话，丈夫更奇怪了。

那位太太接着说：“把钱存起来，存多一点，存到后年。”然后太太不好意思地把声音放到了最小说：“我想让你送我一枚小钻戒……”

丈夫说：“噢！原来是这样啊！”而结果呢？那位太太生日当天，她还是得到了礼物——丈夫买给她一枚大大的钻戒。

很明显，这两个例子中，后面例子中的妻子更会说话。我们先来看第一位妻子，她一开始就否定了以前的生日礼物，令丈夫失望极了；接着她又用别人丈夫送钻戒的事伤了丈夫的自尊；最后，她居然因此否定了他们之间的感情。何况，这样硬讨的礼物，就算拿到又有什么意思？毕竟给丈夫留下了不好的印象！

至于第二个事例中的那位太太，她就聪明多了。她虽然想要钻戒，却反着来，先说不要礼物，最后才把真正的目的说出来。因为她说后年才扮着有枚钻戒，丈夫却在今年就给她一份惊喜，所以无论太太还是丈夫，感觉都好极了，难道这不是“双赢的沟通”吗？从她说出自己真正目的的时候，丈夫就在无形中答应了她的要求，这就是她成功的原因。

心理学的研究指出，轻易地说出“不”字，容易造成谈话双方情绪的对立，一个否定的反应是最难克服的障碍。那么，在劝人的过程中，我们该使用什么样的战术呢？对此，美国著名学者霍华曾经提出了让别人说‘是”的30条指南，现在摘录下来其中的10条，供说服者们参考：

（1）要照顾对方的情绪；

（2）要以充满信心的态度去说服对方；

（3）找出引起对方注意的话题，并使他继续注意；

（4）切忌以高压的手段强迫对方；

（5）直率地说出自己的希望；

（6）尽量以简单明了的方式说明你的要求；

（7）要表现出亲切的态度；

（8）要向对方证明，为什么赞成你是最好的决定；

（9）让对方了解你并非是“取”，而是在“给”；

（10）让对方知道，你只要在他身旁，便会觉得很快乐。

学会用数据说话

生活中，我们在劝说他人的过程中，都希望自己的语言能更有说服力，对此，不少人都喜欢采用一些华丽辞藻进行描述，但给人的印象却是华而不实，令人生疑。因为这些说服的语言毫无根据，完全站不住脚。但如果我们能在语言中加入一些具体的数据，就会提高话语的含金量，让人感到信服。

卡耐基的一次经历，可以说是用数据说话的一个典范。他是这样说服一家旅馆经理打消增加租金的念头的。

卡耐基每季度都要花费 1000 美元在纽约的某家大旅馆上，用以租用 20 个晚上的大礼堂，以便讲授社交训练课程。

有一个季度，卡耐基刚开始授课，忽然接到通知，要他付比原来多 3 倍的租金。而收到这个消息以前，入场券已经发出去了，其他准备开课的事也都已办妥。怎样才能交涉成功呢？经过仔细考虑以后，卡耐基去找经理。

卡耐基对经理说：“我接到你的通知时有点震惊，不过这不怪你。假如我处在你的位置，或许也会写出同样的通知。你是这家旅馆的经理，你的责任是让旅馆尽可能多的盈利。不这么做的话，你的经理职位就很难保住。假如你坚持要增加租金，那么让我们来合计一下，这样做对你有利还是不利。”

“先讲有利的一面。”卡耐基说，“大礼堂如果不出租给讲课的而出租给办舞会、晚会的，那你就可以获得更多的利润。因为举行这类活动的时间不长，每天一次，每次可以付 200 美元，20 晚就是 4000 美元。哦！租给我，显然你吃大亏了。”

“现在，来考虑一下‘不利’的一面。你增加我的租金，同时也降低了你的收入。因为这实际上等于你把我撵跑了。由于我付不起你所要的租金，我势必要再找别的地方举办训练班。”

“还有一件对你有利的事情。这个训练班将吸引成千上万有文化、受过教育的中上层管理人员到你的旅馆来听课，对你来说，这难道不是免费的广告吗？事实上，假如你花 5000 美元在报纸上登广告，你也不可能邀请这么多人亲自到你的旅馆来参观，可我的训练班给你邀请来了。这难道不合算吗？”讲完后，卡耐基告辞了，“请仔细考虑后再答复我。”当然，最后经理让步了。

卡耐基之所以获得成功，是因为他站在经理的角度想问题，把增加租金与保持租金的利弊用数据清楚地表达出来了。

为什么数据能提高语言的可信度？从心理学的角度分析，那些空洞的语言往往表达的是主观的想法，会让听者觉得查无实据；而具体的数字则可以提供难以质疑的具体证据。比如，在向用人单位证明自己的实力时，同简单表示“提高了生产能力”的应聘者相比，一个“在 7 个月内将工厂产量提高 156%”的人无疑会令你印象更加深刻。

那么，在说服他人的过程中，我们该怎样运用数据呢？

1. 数据的真实性和准确性

我们希望说服他人，就是为了让对方产生信任感，但如果数据本身的可信度有问题，比如数据不准确或者虚假、夸张等，就会使听者产生信任危机，因为一旦对方发现这些数据本身有问题，就会对你产生质疑，那么，运用数据说服这一策略就只能起到反作用了。

2. 仅仅罗列数据是不够的

精确数据的使用，当然会为你的话语增加可信度，但一味地罗列数据不仅会让对方找不到重心，也会让对方以为你在故弄玄虚，从而对你产生厌恶感。

所以，使用数据是有一定的原则的：

（1）合适的时机。要想让你的数据说明具有更强的说服力，你首先就要挑选合适的时机，比如在对方对你的话语提出质疑时。

（2）度的把握。说服别人的时候，还要注重适度运用精确数据来说明问题，要懂得适可而止，不要随意滥用。

（3）数据的更新。另外，值得注意的是，很多数据是随着时间和环境的改变不断发生改变的。因此，在使用某些数据时，要保证它是最新的。

画一张美好的未来愿景，令对方充满期待

人的想象力是惊人的，对于同一个事物，不同的人会有不同的想象。因此，如果我们在说服他人的过程中，能充分调动对方的想象力，为对方描绘未来美好的蓝图，将会对你说服他人起到很大的促进作用。因为从心理学的角度看，一旦人们的内心世界形成一种美好的愿望后，他们是极其愿意接受实现这种愿望的途径的。下面这段话就展现了一个销售人员是如何劝说客户购买产品的：

“周末的早晨，您带着您的孩子们，穿着我们公司的户外运动鞋，来到郊外，舒展已经劳累了一周的身体。郊外的山坡上，有很多人一起爬山，当爬到山腰的时候，有些人的运动鞋居然出现了问题，这些人面临的将是难以前进的道路……而您，却带着您的孩子在挑战山顶的高度！”

这是一段具有强烈对比性的想象，想象之所以为想象，毕竟不是真实的。但客户听到这段话后，是不会产生异议的，因为这只是对产品的一种自信。推销大师乔·吉拉德也常常使用这一方法推销。

乔·吉拉德特别善于推销产品。与别的推销员“请勿触摸”的做法不同，乔在和顾客接触时总是想方设法让顾客先“闻一闻”新车的味道。他让顾客坐

进驾驶室，握住方向盘，自己触摸操作一番。

乔认为，人们都喜欢自己来尝试、接触、操作，因为人们都有好奇心。不论你推销的是什么，都要想方设法展示你的商品，而且要记住，让顾客亲身参与。如果你能吸引住他们的感官，那么你就能掌握住他们的感情了。

如果顾客住在附近，乔还会建议他把车开回家，让他在自己的太太、孩子和领导面前炫耀一番，这样顾客很快就会被新车的“味道”陶醉。根据乔本人的经验，凡是坐进驾驶室把车开上一段距离的顾客，没有不买他的车的。即使当即不买，不久后也会来买。因为新车的“味道”已深深地烙在他们的脑海中，使他们难以忘怀了。

你也许很纳闷，为什么乔这么有把握？因为顾客已经投入太多情感，车都选好了！甚至在他的心里，可能已经勾勒出了拥有这部车的美好场景。而如果他不签字，就需要有很大的勇气，而且一切得从头来过，孩子的大哭大闹、妻子的抱怨等都会使他慎重考虑。

因此，我们在劝服他人的过程中，也可以采用未来憧憬法，引导对方看到在接受我们的意见后所拥有的“幸福生活”。那么，具体地说，我们应该怎样描述呢？

1. 加以引导，开发对方的想象力

我们要学会运用诱导性的语言为对方的想象力铺平道路，并适时限制或发展对方的想象空间，这就像制造一个固定的空间、固定的路径，引导对方朝着自己设定的方向想象，从而达到自身的目的。

2. 让对方参与，体验互动

人们常说“耳听为虚，眼见为实”，相比你所说的，人们更愿意相信自己的眼睛，更愿意看见真实的幸福生活。此时，如果你也能和吉拉德一样，调动起客户的视觉、嗅觉、味觉、触觉等感官使其亲身体验产品，那么，一旦他们对你的话产生了信心，就会很愿意相信你。当对方了解这些以后，就会有一种想尝试的欲望，此时，我们的劝服目的也就近乎成功了。

第 8 章　委婉拒绝法宝：拒绝他人又不让双方尴尬

现实生活中拒绝是一件令人遗憾的事，但却又是无法回避的事。学会合理地拒绝，你就掌握了生活的主动权，在生活中你就会显得更加轻松自如。表述拒绝时总难离一个“不”字，而这个“不”字又往往最不好意思说出口，因为中国人向来最爱面子。事实上，如果我们能掌握一些说话的艺术，在生活中注意话语的含蓄和否定的技巧，是完全能让生硬的否定变成一副可爱的面孔的，从而我们就可以在轻松愉快的气氛中拒绝别人。

幽默拒绝，给彼此一个台阶

中国人素来都有一个普遍的心理，那就是好面子，因此，在与人沟通的过程中如果能给足对方面子，那么就能赢得别人的好感。相反，要是说话失了分寸，伤及对方的面子，就会招人厌烦。尤其是在拒绝他人的时候，直接把“不”字说出口，不委婉、不含蓄，这样只会让人无法接受，在心理上受到很大打击。其实，幽默就是一种很好的拒绝方式，它会给拒绝增添一丝活泼的气氛。

在交际中，善于拒绝者，既能使自己掌握主动权、进退自如，又能给对方留足“面子”，搭好台阶，进而使交际双方都免受尴尬之苦。

从心理学的角度看，世界上的任何人都是追求快乐而拒绝痛苦的，而幽默，就是使人发笑、为人制造快乐的艺术。提起它，人们自然而然就会联想到一种洒脱、一种机智、一种乐观豁达的处事风格。幽默，是一种奇妙的力量，它能够化痛苦为欢愉，化尴尬为通达，化冲突为平和，化丑陋为美好。它还能够使家庭充满温馨，使工作顺畅如意，使生活充满欢乐。在现实生活中，当我们要拒绝他人时或对他人提出异议时，就十分有必要采取这样一种心理策略。但具体来说，我们应该怎样使用这一心理策略来拒绝别人呢？

1. 故作神秘，一语点破

用幽默的方式拒绝别人，有时可以故作神秘、深沉，然后突然点破，让对方在毫无准备的情况下大笑。

有一位“妻管严”，老婆命令他周末进行大扫除。不巧的是，正好几个同事约他周末去钓鱼，他只好回答：“其实我是个钓鱼迷，很想去的。可自从成家以后，周末就经常被没收了啊！”同事们哈哈大笑，也就不再勉强他了。

有时候拒绝的话听着像是胡搅蛮缠，但因为它是用幽默的方式表达出来的，所以它也就既可以达到拒绝的目的，同时又能让别人很愉快地接受。

2. 假设法

此外，还可以用假设的方法，虚拟出一个可能的结果，从而产生一个幽默的后果，而这个后果正好是你拒绝的理由。这样，不仅不会引起对方的不快，反而可能给对方带来一定的启发。著名剧作家萧伯纳的辞爱方式，可以说是辞爱的经典。

有一日，萧伯纳收到著名舞蹈家邓肯的求爱信，她在信中写道：“如果我们结合，我们的孩子，有着和你一样的脑袋，和我一样的身姿，那该多美妙啊！”

萧伯纳看了信后，很委婉而又很幽默地回了她一封信。他在回信中说：“依我看，那个孩子的命运不一定会那么好，假如他有我这样的身体，你那样的脑袋，岂不糟糕了吗？”

这位美女演员收到信以后，明白了萧伯纳的拒绝之意。她失望地离开了，但她一点儿也不恨萧伯纳，反而成了他最忠实的读者和好朋友。

3. 暗喻法

一次，一位读过《围城》的美国女士到中国来，并且打电话给该书的作者钱钟书先生，说自己很想拜访他。钱钟书先生一向淡泊名利，不慕虚荣。

他在电话中婉拒道：“假如你吃了一个鸡蛋，觉得不错的话，又何必一定要见那个下蛋的母鸡呢！”

在此，钱先生以其特有的幽默和机智，运用新颖、别致而又生动、形象的比喻，拒绝了那位美国女士的请求，既维护了那位女士的自尊，又避免了不必要的麻烦。

找个合适的理由拒绝对方

“助人为快乐之本”，是人人都知道的一句话，但是，当别人前来要求协助时，难免会遇到自己力不从心的时候。想做个有求必应的好好先生或好好小姐并不容易，人们的要求永无止境，往往是合理的、悖理的并存，如果当面你不好意思说“不”，轻易答应了自己无法做到的事，将会给自己带来更大的困扰。

一部分人不敢对他人说出“不”字，也是有一定的心理原因的——当我们遇到他人对自己提出要求时，有好多人会感觉为难，拒绝又担心对方认为自己不够意思，接受又感觉难兑现。其实，此矛盾的深层次问题在于自己未能形成一个系统的处事原则，即何事我必须要做，何事我可以选择去做。对必须要做的事，一定要尽力为之；而对于无能为力的事，就必须要采取拒绝的方式了。

的确，拒绝就意味着将对方拒之门外。拒绝对方的一片“好意”，有时会让对方很难堪。而如果我们能根据不同的场合和对象进行考虑，选择恰当的方法、以情动人地说出自己的理由，或者为对方寻求更好的解决方法，那么，即使是拒绝，对方也会感觉到你的情义。

曾有个野心勃勃的军官再三地请求首相狄斯雷利加封他为男爵。狄斯雷利知道这个人才能超群，也很想跟他搞好关系，但这个军官不够加封条件，狄斯雷利无法满足他的要求。有一天，首相狄斯雷利把这位军官单独请到办公室里，并对这位军官说：“亲爱的朋友，很抱歉我不能给你男爵的封号，但我可以给你一样更好的东西。”

随后，狄斯雷利放低声音说，“我会告诉所有人，我曾多次请你接受男爵的封号，但都被你拒绝了。”

这位军官按照狄斯雷利的建议做了，这个消息一传出，很多人都称赞这位军官谦虚无私、淡泊名利，对他的礼遇和尊敬远远超过任何一位男爵。军官得到了良好的评价，因此，他对狄斯雷利是由衷地感激。后来，这位军官成为了狄斯雷利首相最忠实的伙伴和军事后盾。

这里，狄斯雷利拒绝军官的方式是巧妙的，既不让对方感到难堪或怀恨在心，还让对方成为自己重要的支持者，真可谓一举两得。

的确，人们拒绝他人的原因是多种多样的，或是力不能及，或是爱莫能助，等等。如果你不想因为拒绝而搞坏你与对方的关系，那么，就不妨在你拒绝的语言中加入点情感的因素，但要注意做到以下几点：

1. 语气平缓

除非是那些公认的无理要求，否则，你应当尽量语气平缓地拒绝，以免伤害对方的感情。

2. 表达你的无奈

用真诚的陈述告诉对方，自己因为哪些原因而不能帮他，是帮不了或不便帮，而非不愿帮。

3. 表达你的关心

为此，你需要向对方传递一个信息——“你虽帮不了他，但你还是为他遇到的问题而着急，并在内心里希望他能解决这个问题”，而非“事不关己，高高挂起”的态度。

4. 如果可以，尽量为对方提供一些建议或者解决问题的方法

案例中狄斯雷利首相采取的便是这一拒绝他人的心理策略。

对于一些你自己帮不了，但又确实想给出解决这一问题的其他方法的时候，你要站在对方的角度，围绕问题本身帮他找解决办法，并给出你的建议供

他参考。只要你的建议质量够高，对方在没能得到你的亲自帮助的前提下，同样会对你心生感激之情的，至少不会怀疑你对他的情谊。

以情动人，让对方理解你的苦衷

拒绝，就是不接受，就是对别人意愿或行为的一种间接的否定。任何人都有害怕被拒绝的心理。生活中的我们，常常要面对他人的请求，如果是力所能及或者说应该帮的事情，那还好办，如果完不成，不仅自己的事情会变得一团糟，恐怕来请求帮助的人也会颇有微词。你是否曾经为以下事情伤脑筋：一个你曾经认识的人，他品行不良，但非要向你借钱，你深知如果把钱借给他，就等于肉包子打狗——有去无回；或者一个熟识的生意人向你兜售物品，明知买下就会吃亏；或者你的患难朋友，曾在你最困难的时候帮过你，现在有求于你，而你却心有余而力不足，但他不相信，认为是你忘恩负义，故意不帮助他……遇到这些问题，你该怎么办？要记住，你不是神仙，不能呼风唤雨，有求必应，该拒绝的就必须要拒绝。如果不好意思当场拒绝，轻易承诺了自己不能、不愿或不必履行的职责，事办不成，以后你会更加难堪。

当然，拒绝绝非简单地说“不行”，而要阐明不行的理由，让对方知道你的难处，从而理解你。这样你才不会因为拒绝对方而得罪对方，也不至于影响你们之间的交情。

小张是公司的一名小领导，员工的工作他必须参与，上级领导的工作他也不能推卸，因此，他常常忙得焦头烂额。最近，他负责一项权责以外的工作，被折腾得头昏脑涨。因为是第一次接触这样的工作，不明白的地方很多，所以常在思考上花费很多时间，导致工作进度很慢。偏偏在这个时候，上司又要求他去参加拓展业务的研讨会。

小张不自觉地就用比较强烈的口气拒绝说："不行啊，我现在根本就没时间参加什么研讨会。"

上司听后，似乎心头燃起了一把火，很不满地说："好吧，那从此以后就不再麻烦你了！"

显然，小张在言辞上有不妥之处。遇到这样的情况，首先要将上司的要求当作指示、命令，一旦命令下来，就没有拒绝的余地。在这种情况下，如果不留余地地拒绝，上司肯定会发火，而且也会让上司的面子挂不住。这个时候，我们可以先说明一下自己的处境。一般来说，如果将自己的难处真切地说出来，上司是能体谅并且接受你的拒绝的。

那么，具体说来，我们该如何运用难处表明法这一心理策略来使拒绝这种不愉快降低到最低程度，从而使双方的关系进入柳暗花明的境界呢？下面是几个小窍门：

1. 态度要真诚

我们之所以拒绝对方，多半是因为我们实在无能为力，而表明难处也是为了减轻双方的心理负担，并非玩弄"技巧"来捉弄对方。因此，拒绝他人时态度一定要委婉、真诚，特别是下级对上级的拒绝，地位低者对地位高者的拒绝等，更应注意自己说话的态度，不可盛气凌人，要以同情的态度、关切的口吻讲述理由，争取他们的谅解。而在结束交谈的时候，还应再次表明歉意。

2. 不要伤害对方的自尊

人都是有自尊心的，当你在拒绝别人时，一定要先考虑到对方的感受，在选用表达的词语时应准确、委婉。

3. 为对方找条出路

直接拒绝对方难免会令人失望，此时，你不妨为其再指出一条明路，比如，"这件事我实在没有时间帮你去办了，你不妨去找某某试试。""这份资料我这几天就要用，不过图书馆还有一份没借出去，你赶快去，应该可以借出来。"因为对方有了其他"出路"，他对你的拒绝也就不会太在意了。

转移话题，巧妙拒绝

人与人的交往中，拒绝与被拒绝是必然的。在表达拒绝时，总是难离一个“不”字，而这个“不”字又是最不好意思说出口的。然而，一味地接受又会让自己陷入困境。所以，也只能用一时的尴尬来换取永远的“宁静”了。其实，有时被我们拒绝的人之所以与我们反目成仇，并非完全是因为我们拒绝了他，更多的是因为我们拒绝他的语言和方式伤害了他。人活在世上，难免需要他人施以援手，所以，多一个敌人绝非什么好事。我们不能避免拒绝，但却可以在拒绝时采取适当的方法，最大程度地避免因为拒绝而四面树敌的情况发生。

不好正面拒绝时，只好采取迂回的战术，转移话题也好，另有理由也行，关键是善于利用语气的转折，但又不至于撕破脸。事实上，人都是聪明的，你大可不必担心对方不能领悟你变话题的用意。因此，可以说，顾左右而言他绝对是一个巧妙的拒绝他人的心理策略。

有对年轻男女在一起工作，男方对女方产生了爱慕之情，男方急于要表白心意，女方虽心领神会，但是却不愿将友情向爱情方面发展，女方认为还是不要说破，保持那种纯真的友谊比较好。于是，就出现了下面的情况：

男青年：我想问问你，你是不是喜欢……

女青年：我喜欢你给我借的那本公关书，我都看了两遍了。

男青年：你看不出来我喜欢……

女青年：我知道你也喜欢公共关系学，以后咱们一起交换学习心得吧！

男青年：你有没有……

女青年：有哇！互相切磋，向你学习，我早就有这个想法了。

男青年：……

这位女青年3次都把男青年的话打断，使得男青年明白了她的想法，于是，男青年也就不再问了。这比让他直率地问出来，女青年当面予以拒绝要好很多。

在拒绝他人时，我们有时会觉得不便说“不”，便随便找些理由来搪塞对方，以求得一时的解脱。但这个方法并不高明，因为对方仍可能会找理由与你纠缠下去，直到你答应为止。比如你不想答应帮他做某事，于是就推托说：“今天我没有时间。”他可能会说：“那没有关系，你明天再帮我做好了，事情就拜托你了。”此时，你可能很难再用其他借口推辞了。因为这些都是小小的谎言，一经反驳，你肯定会感到慌乱，说“不”的意志便很难坚持下去了。实际上，你不妨直接采取转换话题的方法，对对方的问题不予直接回答。

当然，我们在采取这一语言策略的时候，就需要做到正确的断答，才思敏捷以及对口语技巧的娴熟。因为，首先，断答前要摸准对方的心理，“你一张口我就知道你要问什么”，“未闻全言而尽知其意”，这与“错答”比起来，要求会更高。

其次，要能抢得自然而恰当，比如从“喜欢”（人）而引论到“喜欢”（书），能瞒过在场的其他听话人。

最后，断答往往需要几个回合才能奏效，因为抢一两次，对方可能还不能领悟到答话者的真正意思，或者略略知道而不甘心，于是就会继续发问，这就要求“连抢”多次，才能不露出破绽，达到拒绝的目的。所以说这一策略难度大、技巧性强，但如果运用得当，效果也会很好。

不要太直接，委婉的拒绝方式更奏效

生活中，我们可能都有过这样的体验，我们似乎总是不愿意拒绝那些对我们示弱的人的请求，因为他们让我们感到他们的弱小，从而激发起自己内心的同情感和保护欲，这也是人们的普遍心理，而事后我们又发现，我们根本无能为力。这也是很多人惹火上身的原因。实际上，反过来，我们也可以采取示弱、撒娇的方式来拒绝他人，比如，你可以这样拒绝："你为我想想，我怎么能去做没把握的事？你这是让我出洋相啊。"这样一来，相信对方一定会"收回成命"，另寻他法。

我们不妨先来看看下面这位深谙拒绝艺术的经理是如何巧妙地说出"不"字的：

某公司的销售部经理刘洪是个很善于与他人沟通的人，在他的手下工作，很多员工都觉得干劲儿十足。公司其他领导都羡慕刘洪的工作模式——上班只是喝喝茶，发发工作指令，员工们就都心甘情愿地为其卖命，毫无怨言。其实，这都是因为刘洪很善于调动员工们的积极性。

一天，市场专员小王拿着一叠厚厚的资料来到刘洪的办公室，对他说："刘总，这是这个月的市场调查报告，您有时间整理一下吧。"

刘洪最近手头事情很多，而且，整理资料的工作本身就是下属应该做的。于是，他巧妙地拒绝道："小王啊，你可一直是我最得力的助手啊，你看我桌上的文件，哎呀，你难道要看着我累趴下吗？算哥求你了，帮个忙吧，回头我请你吃饭。"

听到刘洪这么说，小王扑哧一声笑了，不到几个小时的时间，他便把整理好的资料送到了刘洪的办公室。

案例中的经理刘洪拒绝下属的方法就是撒娇法，一句"哎呀，你难道要看着我累趴下吗？算哥求你了，帮个忙吧，回头我请你吃饭。"让下属看到了领导的可爱，这样一个可爱的领导，有哪个下属还会再好意思进一步要求呢？

在拒绝他人上，有直接拒绝法，就是把拒绝的意思当场讲明。但对于中国人来说，含蓄的民族性格让人们喜欢用委婉的方式拒绝他人。但并不是所有人都能把握它的精髓，有些人在表达上含糊不清，明明是在拒绝别人，却让他人以为是应允了。因此，有时候，直接拒绝的结果也是可取的，当然，使用这个方法时应当避免态度生硬，说话难听。对此，如果你能适当示示弱、撒撒娇，就会降低对方对你的期望，从而消除向你寻求帮助的想法。

一般来说，来求你办事的人都相信你能解决这样的问题，对你抱有很高的期望。然而，对你抱有的期望越高，你就越难拒绝。在拒绝时，如果过多讲自己的长处和优点，就会无意中抬高对方的期望，增大拒绝难度；如果适当地讲一讲自己的短处，就能降低对方的期望。在此基础上，再抓住适当的机会多讲讲别人的长处，就自然能将对方的期望值转移出去。这样不仅能达到拒绝的目的，还会使被拒绝者发现一个更好的自己，从而由意外的惊喜所产生的欣慰心情将取代失望与烦恼。

那么，具体来说，我们该如何使用撒娇式的心理拒绝策略呢？

1. 转嫁主动权

“你也知道，我在家做不了主的，这事需要我老公来决定。”

这个说法适合拒绝朋友，既可以给自己留出缓冲地带，也可以彰显甜蜜，是最适合女人的一种拒绝方式。

2. 避实就虚

“不好意思，我今天真的约了人，去不了啦。我可不是那种重色轻友的人。”要很快地、毫不犹豫地说出这些话，充分利用他人对你‘一向心直口快”的印象。这样的话，对方虽然被拒绝，却依然信任你。如果犹豫不决地说出理由，反而会让别人怀疑。

3. 软话求助

“最近我在忙的事情你都知道，我已经很多天没好好吃饭了。你也不忍心看我变成一个又老又丑的黄脸婆吧。”

这个撒娇式的拒绝既未表示否定，又给自己留出了余地，适合温婉地面对家人。

第 9 章　拉近关系妙招：掌握赞美的技巧

赞美的功用和重要性毋庸置疑，我们任何人都需要别人的赞美，也需要赞美别人。真诚地赞美，是你送给别人的玫瑰花，在给予别人的同时，手上也留下一缕清香，这样会使你活得更潇洒、自在而充实，而最重要的是，你争取到了别人的友谊，赢得了好的人际关系。赞美是一件好事，然而，却并不是一件易事，赞美也是有一些清晰的操作方法和步骤的，当然，只要运用得当，必能敲开对方的心扉。

仔细观察，试探出对方的需求

我们都知道，在日常交往中，人人都需要赞美，人人也喜欢被赞美。如果一个人经常听到真诚的赞美，就会明白自身的价值，有助于增强其自尊心和自信心。特别是当交际双方在认识上、立场上有分歧时，适当的赞美会发生神奇的力量。不仅能化解矛盾，克服差异，更能促进理解，加速沟通。所以，善交际者也大多善于赞美。然而，真正的赞美绝不是毫无章法的，而是有迹可循的，任何一个深谙赞美艺术的人，都有着敏锐的观察力，他们总是能从对方身上找到可供赞美的地方，了解对方的需求方向。

我们先来看这样一个故事：

从前，一个秀才高中，马上就要到京城做官去了，离别前，他要向自己的老师拜别。

恩师对他说："京城不比家里，那里人心险恶，你需要求人办事的地方多了，切记一定要谨慎行事。"

秀才说："没关系，现在的人都喜欢听好话，我呀，准备了 100 顶高帽子，见人就送他 1 顶，不至于有什么麻烦。"

恩师一听这话，很生气，以教训的口吻对他说："我反复告诉过你，做人要正直，对人也该如此，你怎么能这样？"

秀才说："恩师息怒，我这也是没有办法的办法，要知道，天底下像您这样不喜欢戴高帽的能有几人呢？"秀才的话一说完，恩师就得意地点头称是。

走出恩师家之后，秀才对他的朋友说："我准备的 100 顶高帽子现在只剩 99 顶了！"

这个故事虽然是个笑话，但却说明了一个道理：谁都喜欢听赞美的话，就连那位教育学生"为人正直"的老师也未能免俗。也就是说，只要我们善于挖掘，总是能找到对方想听的美言。这一现象是有一定的心理原因的，因为人都有一种获得尊重的需要，即对力量、权势和信任的需要；对地位、权力、受人尊重的追求，而赞美则会使人的这一需要得到极大的心理满足。

赞美是一种健康洒脱的人生姿态，透视着一个人的精神内涵和人格底蕴。赞美不仅能使人的自尊心、荣誉感得到满足，更能让人感到愉悦和鼓舞，从而会对赞美者产生亲切感，相互间的交际氛围也会大大改善。因此，喜欢听赞美就似乎成为了人的一种天性，是一种正常的心理需要。

心理学家证实：心理上的亲和，是别人接受你意见的开始，也是转变态度的开始。由此可知，我们若想达成我们的目的，一个行之有效的方法就是给予对方真诚的赞美。

唐朝"安史之乱"，安禄山攻陷京城长安，在皇宫中捉到了一名乐工，正准备推出午门问斩之时，那乐工大叫道："你不能杀我啊！"

安禄山坐在唐明皇的龙椅上，笑道："我为何不能杀你？"

"我有一技之长，你杀了我会后悔的。"

安禄山大笑："你不就是会吹吹打打吗？杀了你何悔之有？"

"我还会占梦啊！"乐工忙道。

“你会占梦？那好，我问你，昨晚我做了一个梦，你若能解，我就不杀你。否则……”

“将军请说，我一定能解！”

“我梦见自己的衣袖筒很长，手臂无论如何也伸不出来。你说说这个梦是什么意思？”

乐工听后，沉思片刻，便拱手相答：“这是大吉之梦：衣袖不能出手，意味着将军可垂衣而治天下啊！”

安禄山听得心中乐滋滋的，便放了乐工。

由此可见，赞美用得好，即便是在凶险万分的情况下，一句妙语，就能给对方留下好印象，从而化险为夷。

当然，运用赞美的语言来达到我们的目的，我们还必须要注意，只有满足对方需求的赞美才是有效的，凭空的、空泛的赞美谁都会，仅仅是几句好话而已，但这起不到赞美的作用。赞美别人，必须先对其了解一番，并在沟通中通过仔细的观察，找到可以赞美的点，这样，你的话听起来才“确有其事”，倘若只是为了赞美而赞美，那么，对方就会觉得你的赞美空洞、虚假，进而认为你是个虚伪、油嘴滑舌的人。比如，你若夸奖一个十分肥胖的女人：“你的身材真好。”那么，对方肯定会觉得你虚情假意，但如果你能把赞美的点放在她的发型、服饰等方面，那么，她一定会高兴地接受。

总之，在沟通中，你若希望达到目的，成功操控他人内心，就得把握好对方的脾气爱好和欲望所需，揣其所思，投其所好，让对方感到自然愉悦，对方才肯接受你的观点、想法，为你的事儿付出代价，这时，你就达到目的了。

选对时机，适当赞美

古人云："好话一句三冬暖，恶语一句六月寒。"我们都知道，与他人说话时，说好话跟说坏话的结果一定是不相同的，那么，为什么一些人在与他人交流中并没有说赞美的话呢？这并不是因为他们不愿意赞美，而是因为他们还没有掌握赞美这门艺术。

人人都知道赞美的好处，但并不是所有人都懂得赞美的技巧。在我们的生活中，可能你也发现过这一点：我们经常夸奖一个人，但对方却习以为常，并不怎么领情。而那个经常反对他的人只是偶尔说了句好话，就博得了他的好感。从这一点，我们能总结出一条赞美的技巧：赞美一定要把握时机，赞美他人不可泛滥，而应该选择最佳的时间。

赞美他人，总的原则是要多雪中送炭，少锦上添花，更不要画蛇添足。赞美的效果在于见机行事、适可而止，真正做到"美酒饮到微醉后，好花看到半开时"。要知道，赞美是过时不候的。

对此，具体来说，我们可以这样做：

1. 如果你所赞美的对象是陌生人，你应该对其有个初步的了解

言为心声。我们首先要观察的是对方的言辞举动。比如，听口音就能知道对方是南方人或者是北方人。我们也能从言谈中大致判断出其职业特点。再者，我们要懂得观其色，从其表情看出对方的好恶，对什么较感兴趣以及对什么不感兴趣等。在了解了这些情况之后，你对陌生人的赞美就不会显得不着边际，而是有据可依的。然后你就能说出真正令对方受用的话，激发起他的谈话兴趣，从而达到我们的赞美目的，比如，我们可以说，"看您的装束这么精致有品位，一定是这方面的行家，能向我传授点经验吗？"这样赞美的话，对对方一定很受用。

2. 找到把握最佳的赞美时机

这就要求我们对周围的人身上的优点和特点等要多观察，尽可能地随时随地去发现。如果你能及时发现，就要抓住时机，当时赞美，当众赞美。比如，在公司的庆祝会上，你可以当众赞美那个被人忽视的同事：“你们知道吗，今天的庆祝会是小王一手策划的，真了不起啊……”

3. 留心观察，细心思考

从现在起，你要做一位有心人，善于发现赞美的体裁，这需要留心观察，细心思考。比如，你是否发现办公室有位同事，总是为其他人冲咖啡？对此，你可以赞美道：“你为我们每个人省了五分钟的时间……”再如，当你发现你的女同事今天戴了新耳环后，你可以适度赞扬一番：“这对耳环是不是今年××杂志上重点推荐的那款？”

4. 力争是第一次发现

你所发现的对方的特色、潜能、优势最好是别人谁也没有发现，甚至是他自己也没有发现的内容，这样，你的赞扬就会令他恍然大悟，瞬间增强自信，从而对你产生好感。

5. 背后赞美

在背后赞美人，是一种至高的技巧，因为人与人之间难得的就是背后能说好话，而不是坏话。比如，当大家都在背后说某同事的坏话时，你这样说：“可能你们误会了吧，我觉得小刘这人很仗义呀。”如果对方知道你在别人非议他时挺身而出，主持公道，一定会非常感激你。

6.“患难见真情”，逆境中的赞美更真诚

俗话说：“患难见真情。”最需要赞美的不是那些早已功成名就的人，而是那些因被埋没而产生自卑感或身处逆境的人，这时候的赞美才更显真诚。因此，最有实效的赞美不是“锦上添花”，而是“雪中送炭”。

当然，除了语言赞美外，真诚的赞美并不一定总用一些固定的词语，见人便说“好……”。有时，投以赞许的目光、做一个夸奖的手势、送一个友好的微笑也能收到意想不到的效果。

总之，人际交往中，我们要学会赞美别人，就要学会把握赞美的时机。真诚地赞美，是你送给别人的玫瑰花，在给予别人的同时，手上也留下一缕清香，这样会使你活得更潇洒、自在而充实，而最重要的是，你争取到了别人的友谊，赢得了好的人际关系。

不卑不亢，态度自然

心理学专家曾经做过这样一个心理学实验：让两个人分别去赞美一个舞蹈跳得很好，但是却意外摔倒的姑娘。第一个人走上前去，一边笑一边说："你的舞蹈跳得太完美了。"第二个人走过去，拍了拍姑娘的肩膀，说了句"你很棒"。姑娘对第一个人的赞美，表现出非常厌恶的情绪，狠狠地瞪了他一眼，而望着第二个人感激地说了声"谢谢"。

两个人同样是去表达赞美，为什么第一个人遭到了白眼，而第二个人却得到了感谢呢？对于这种现象，心理学专家做出了解释：人对外界的反应有一个基本的是非判断，从而迅速的恒定内心的安全感。对于友善的表情和动作，同样会做出友善的迎合，继而换来更大的友善，对于不友善的情绪，则同样地给予敌意，以确保自己安全系数的最大值。

的确，适当的赞美是促进人际关系和谐的润滑剂，但那些言不由衷、不自然、一听便令人感到肉麻的阿庾奉承则只会迅速地暴露出一个人的人格与企图，最终造成被人蔑视的结局。在我们周围也有很多人，赞美别人时，虽然满嘴好话，但我们却不觉得他是"好人"，他赞美与否已没有多大意义。因此，我们要注意锻炼赞美的功力，自然地赞美才会让人受用。

有一位杂志社编辑，他对说服那些作家很有一套。不论那些人如何繁忙，他都有办法使那些人答应为他写稿。在他面前那些作家谁都无法拒绝他的要求。

他常常这样说：“当然我知道您很忙，就是因为您很忙，我才无论如何请您帮个忙。那些有空闲时间的作家写出来的作品，总不如您的好。”据他所说，这种说法从未失败过。

为什么这位编辑从未失败，因为他的赞美真实可信，贴切自然。的确，要恰如其分地赞美别人是件很不容易的事。如果称赞得不得当，反而会遭到排斥。

那么，我们怎样做到自然地赞美对方呢？

1. 端正你的态度和动机

真诚地赞美首先要有纯洁的动机，它不是为了谋求从对方那里得到什么才赞美。卡耐基说：“如果我们只图从别人那里获得什么，那我们就无法给人一些真诚的赞美，那也就无法真诚地给别人一些快乐。”

我们在赞美他人的时候，为了防止自己的赞美流于奉承，我们一定要诚恳且心里坦然。比如，你可以不时在“这张可爱小孩子的照片，是您孙子吗？”这种比较轻松的话题中与对方交谈。只要心里坦然，在愉快和谐的谈话中，对方必会接受你的赞美。

2. 先对对方做一番了解，赞美不可空穴来风

赞美别人的时候要提前多了解别人，这样你才能把赞美的话说到点子上。例如，你才与对方结识，并不知道对方的情况，就对对方说：“一看你，就知道你是个学习成绩很好的人。”而实际上，对方的成绩一直不理想，那么，你的赞美自然会被当成耳边风。

3. 不直接称赞对方

也就是说，我们可以先称赞与对方有关的事情。这种“间接奉承”在初次见面时比较有效。如果对方是女性，则她的服装和装饰品将是间接奉承的最佳对象。

从这种“间接奉承”的效果来看，与其毫无心理准备地去面对对方，不如事先收集可作为“间接奉承”的材料。有了这种准备，或许仅仅一句话就能使对方产生找到知己的感觉，于是便很快向你敞开心扉。

4. 适当重复赞扬

当对方对你的赞美表现出良好反应时，就要改变一下方式，再次给予赞扬。如果只蜻蜓点水式地稍加赞美，对方可能会认为那只是恭维或客套话，而对一件事重复赞美，则能提高它的可信度，让对方觉得你是真心实意地赞美他。

5. 用诚恳的眼神加以配合

从心理学的角度看，在交流时，别人会通过你的眼神来甄别真伪。不要逃避与他人眼神的接触，同时你的眼神也不要四处游走，更不要望着天花板和地，人在说谎的时候，眼神都会有这些反应。当然，要多往右上角凝聚，因为人在表达真诚的时候，往往眼神会往右上角转移。这样，别人会感受到你的真诚。

6. 哪怕是对方取得了一点儿小小的进步，也不要忘记对他表示赞美和认可

总之，生活中的人们，你们需要记住的是，在表达赞美的时候，尽量态度自然一点，这样才能展现你们的真诚，从而才能赢得好感。

不要说老套而虚伪的赞美之词

赞美是世界上最动听的语言，赞美是欣赏，是感谢，给人的喜悦是无可比拟的。但很多人的赞美语言乏味，净是些陈词滥调。比如，初次见面，就是久仰大名、如雷贯耳、百闻不如一见、财源旺盛等俗不可耐的恭维。这种公式化的套词会使人感觉对方缺乏诚意、玩世不恭，造成不值得深交的印象。而如果我们能有新意地赞美，则能让对方耳目一新，并觉得真实可信。学生周某对此深有体会：

一次，经一位朋友介绍，他去拜访一位青年学者。当他与这位青年学者握手时，他赞赏地叹了一句：“你肌肉真棒！”没想到，这句话使得这位学者异常地开心，并挪开宝贵的写作时间为他解答问题，提供有关线索。

这个故事对我们是很有启发性意义的。通常情况下，知识分子在体质上会稍显虚弱，身体素质好的并不多，身体健美者更是不多。因此，夸奖知识分子肌肉棒无疑会让对方开怀。我们再来看下面一个案例：

杨媛在某大型广告公司的行政部门工作。因为工作性质的关系，她很会说话，见着人就夸，可正是因为这样，很多同事认为她不实诚，不知道她的夸赞是不是出于真心。杨媛的领导是一位女士，很时尚，也很会配衣服，每天早上总是会以不同的装扮亮相，而杨媛似乎也成了她每天装束的评论者，比如，第一天，领导走进门，本准备绕开杨媛的视线，可偏偏被她看见了，“哇噻，经理！又买了一套新衣服，对不对？颜色好漂亮喔！穿在您身上就是不一样。”领导听着每一句话都很刺耳，只好挤出一点儿笑容，杨媛还以为自己的赞美奏效了。第二天，经理几乎是挡着脸走进办公室的，但还是被杨媛看见了。“看看看！又一套，很贵吧？还有项链、耳环，也是新的吧？我就缺这个本事，不像您如此会打扮。”这么接二连三地被折磨，领导都不敢跟她说话了，谁知道在其他同事面前，她还会说出什么不靠谱的恭维话呢？

有一天，领导实在被她弄烦了，就把她叫到经理办公室，对她说：“我不是批评你，但是有时候并不是每个人都喜欢被夸，而且，你要知道，不是你没见过的就是新衣服，我的衣服有的已经穿了五六年了，只是保养得好，配来配去就不一样了而已！你一嚷嚷，人家还以为我多浪费呢！以后请别再说我的衣服了！”听完这些话，杨媛才发现，自己以前那些努力不仅是无用功，还起了反作用。

这里，员工杨媛的目的本身是赞美领导，让领导愉悦，可是却适得其反。她同时犯了两条恭维人的大忌：一是恭维没有新意，啰唆繁杂，让人听来无趣；第二，戏谑成分大，没有诚意，让人感觉很刺耳，领导自然不能接受。

的确，人们都有喜新厌旧的心理，好话听了三遍，谁都会厌烦。因此，我们要想达到赞美的目的，就必须有新意地赞美他人。

那么，怎样才能避免陈词滥调呢？

1. 细致入微，抓住细节赞美

我们不妨抓住对方的某些行为细节进行赞美，而不是只赞美这个人，这样会明显增大可信度和新鲜感，从而很容易博得对方的好感。

2. 语言要有新意

赞美的语言固然甜蜜，但如果多次单调重复，也会显得平淡无味，甚至令人生烦，所以要掌握火候，恰到好处。为此，你不妨转化一种语言方式来表达你的赞美。比如，当你想赞美某位小姐漂亮时，“你今天中午用餐的时候，估计全餐厅的男士都会为你让位子吧”就明显比“你真漂亮”起到的效果要好得多。

3. 角度要有新意

每个人都有很多优点和可爱之处，赞扬要独具慧眼，发现对方的“闪光点”和“兴趣点”，从新颖的角度赞美将起到事半功倍的效果。

一位黑人先生一次在下飞机时，很激动地对中国空姐赞美道：“我在国外坐了这么多次飞机，第一次遇到对我们黑人这么友好的服务小姐。”

这位黑人先生没有称赞中国空姐漂亮，也没有称赞其服务水平有多高，而是换了个角度称赞中国空姐没有民族歧视的伟大品格，可谓别出心裁。

总之，赞美是要讲究一定技巧的，也是需要掌握一定分寸的，赞美要不落俗套，才会让对方受用。循规蹈矩、墨守成规的赞美只会让对方感到毫无新意可言，起不到真正的赞美作用。而假若我们善于观察，善于挖掘，找到别人未发现的优点，这样说出来的赞美之言才会更显新意和诚意，更会给被夸赞的人留下既美好又深刻的印象。

真情流露，坦诚自己的感受

我们知道，爱听赞美之言是人类的共性，上到白发苍苍的老人，下到牙牙学语的孩子，都拒绝不了别人的赞美。被赞美，是一种自我价值的认定，也是自尊心和荣誉感的满足。有位企业家说过："人都是活在掌声中的，当部属被上司肯定，他才会更加卖力地工作。"同样，我们与人交际时，嘴甜一点，把赞美、恭维人的话说到对方心里去，才会让他人喜欢与我们相处。

虽然人们都喜欢听赞美的话，但并非任何赞美都能使对方高兴。能引起对方好感的只能是那些有真情流露的赞美，相反，你若有违内心、无根无据、虚情假意地赞美别人，他不仅会感到莫名其妙，更会觉得你油嘴滑舌、诡诈虚伪。例如，当你见到一位体态臃肿的小姐，却偏要对她说："你的身材真好。"对方立刻就会认定你所说的是虚伪之至的违心之言。但如果你对她说："你的皮肤弹性真好，在哪里做的美容？"，她一定会高兴地接受。

可见，赞美的一大技巧是，我们要善于发现他人身上的可赞美之处，并坦诚自己的美好感受，这样的赞美才是真情流露，才能愉悦他人的心情。

有一个女孩去参加魔术表演期间，无意间碰到了裁判老师，就在擦肩而过的一瞬间，她突然转身说了一声，"老师，您的裙子很好看"。老师先是一愣，很快便高兴地说："真的吗？这是我从北京买回来的。平日里很少穿的。"这天下午，比赛结束了，有两个魔术表演都非常不错，难分好坏，其中就有那个打招呼的女孩子。裁判们在左右为难的时候，有老师点了女孩的名，说："我觉得她的表演更胜一筹，表情比较丰富。"就这样，女孩在真诚地表达赞美之后，给自己赢得了老师的好感。

可见，在赞美他人的时候，我们最重要的是表达自己的真诚，这样才能赢得他人的好感。要知道，你用什么样的态度对待别人，别人就用什么样的态度对待你。无论是赞美熟人还是陌生人，真诚都是第一条原则。虚伪和做作是苍白无力的，唯有真诚地赞美才会春风拂面。虚情假意地赞美，往往被人认为是讽刺挖苦或者是溜须拍马，让人感到恶心，从而被他人鄙视。

可见，无论我们学习到了多么高超的赞美技巧，我们的语言依然要做到"从心出发""心诚则灵"。展现你最真实的看法，你赞美他人时的态度就会自然、大方，你所说的话也就更有可信度。

那么，在赞美他人的过程中，我们该怎样做到真情流露呢？

1. 先对被赞美者进行一番了解

要赞美他人，首先自己要做个有心人、细心人和热心人，了解被赞美对象的思想、生活、工作、学习情况等，发现他们每一个细小的优点或长处，只有这样，你所说的赞美的话才能说到点子上。

2. 言辞表达一定要恳切一些

要想表达你的率真，最应该注意的还是你的言辞，言辞要诚恳一些、热烈一些。用你内心迸发的热情来感染对方的情绪。比如，在赞美别人的优秀表现时，你要说："你真是太棒了！！"在"太"上还要加重语气语调，让你浓浓的敬佩之情，通过你热烈地表达传递到对方的心里。

3. 适当提及对方一些无伤大雅的不足或缺点

一味地赞美对方，只会陷入美言泛滥的困境，如果你也能偶尔提及一些无关紧要的缺点，你所说的赞美之言也就更可信。比如，你可以这样说："你虽然不是全班学习成绩最好的人，但绝对是最仗义、心地最好的人。"

我们可以总结出，赞美的作用，就是把他人需要的"荣誉感"和"成就感"，拱手相送到对方手里。当对方的行为得到你真心实意地赞许时，他就获得了心理上的满足感，也就会对你产生认同感。但真诚地赞美来自内心深处，是心灵的感应，是对被赞美者的羡慕和钦佩，也是能使对方受到感染、发出共鸣的关键。总之，你需要记住的是，在表达赞美的时候，尽量表达得真诚一些，这样会容易为你赢得好感。

好的方式，会得到最好的效果

人类最美丽的语言叫赞美，人类最动听的声音也叫赞美。美国著名心理学家威廉·詹姆斯曾说过：“人类本性上最深的企图之一是期望被赞美、钦佩、尊重。”卢梭说：“贤人哲士是绝对不追求运气的，然而对赞誉和激励却不能无动于衷。”可以说，希望得到尊重和赞美，是人们内心深处的一种渴望。人人都爱听赞美的话，因为赞美能激起人们心灵最深处的自豪感和成就感，从而使其产生美好的心境，而同时，赞美也是人类能够获得最高收益的投资，当对方接受了我们赞美之言后，也就接受了我们这个人，自然也就拉近了彼此之间的距离，我们的生活、工作环境也就会更加和谐。

赞美的好处，我们是毋庸置疑的，但并不是每个人都懂得赞美的艺术，关于如何赞美，人们往往都有自己的心得，众说纷纭，对此，我们只需要记住一点原则：找准方式，只要是最有效的方式就是最好的。

明朝建国后的某一天，明太祖朱元璋在大殿上想，江南之地已归己有，便命画工将江南山川画于殿壁之上。画工答道：“臣未遍迹山川，且才识浅薄，不敢奉诏。”朱元璋勃然大怒：“小奴才，胆敢违旨抗命，可否知罪？”于是命刀斧手将画工推出去斩首。此时画工急中生智道：“陛下息怒。您遍历九州，见多识广，而且这是您的江山，您了如指掌，有劳陛下先画个轮廓。”朱元璋一听，果然转怒为喜，然后挥笔画了一个轮廓，让画工开始润色。这时画工却说：“陛下江山已定，岂可动摇。”没想到，这句话说得朱元璋心头大喜，不但免去了画工的死罪，还赏了他三百两银子。

这里，工匠的恭维是不露声色、巧妙绝伦的，是恭维而又非恭维，让朱元璋听了大为高兴。从这里，我们可以发现，赞美他人一定要选择好方法，比如，如果你赞美的是你的领导，假如你只恭维他的爱好，由于这样的话他听得太多，所以必定不会引起他多大的兴趣，而假如你能虚心地讨教一番，作毕恭毕敬状，那么他必定会耐心地向你传授其中之奥秘，而最重要的是，你达到了恭维的效果。

孙童是市文化局的一名文员，文化局张局长退休那天，他和局里的其他同事一起，略备薄礼，来看望老爷子，一阵寒暄过后，话题很快就落在了国画上。

孙童想恭维一下老局长，便谦虚地说："张局长，这些年我虽然努力练习国画，自认也有了一点进步，可总是感觉不得要领，能请您稍稍泄露一点'秘诀'吗？"张局长听了之后马上来了兴致，滔滔不绝地讲起了他的绘画"经"来。"我最大的体会是，国画最大的讲究是神韵，不是画的越多，就能画出'神韵'，要用心去体会，去领悟……"孙童很高兴地说："现在得您'真传'，以后我一定要用心去画，相信肯定能大有长进。"张局长很开心，在临别时还送了他几幅自己的珍品。

而后来，张局长还几次邀请孙童一起切磋绘画艺术，在提干的时候，他的建议起了很大作用。

这里，孙童的赞美可以说是炉火纯青、滴水不漏，把赞美送到对方耳朵里又没有半点谄媚之嫌，这才是恰到好处的恭维。

的确，赞美是一门学问，恭维是一门功夫，里面的名堂可不少。我们在与他人进行沟通时，要想使我们所表达的所有的赞美都能让对方接受并达到理想的效果，最重要的一点就是要找好方法，选择正确的角度，要知道，不合适的赞美，只会给你添麻烦。那么，我们该怎样找到赞美的方式呢？我们总结出以下几点：

1. 多对比，选择最优赞美方法

即使是同一件事，我们恭维的方法也会会有所不同，在工匠恭维朱元璋这一案例中，工匠就不是直接恭维的，这远比直接夸赞朱元璋的丰功伟业要好得多，这就要求我们在与领导交流的时候，一定要多想，尽量寻找一条最佳的恭维方法。

2. 别出心裁，让对方耳目一新

任何人都爱听赞美之言，但绝不是赞美之言越多越好。即便你知道对方的话是真诚的、发自内心的，但听得太多也会腻的。而这时，如果你能出其不意地说出一些对方没听过的恭维话，对方往往会十分重视这种赞扬。

第 10 章　求人办事策略：让他人心甘情愿答应你的请求

人是社会的人，任何人的一生都不可能不求助于人，真正成大事者，往往懂得借助他人的力量。而世上没有办不成的事，只有不会办事的人。一个会办事的人，可以在纷繁复杂的环境中轻松自如地驾驭人生局面，凡事逢凶化吉，把不可能的事变为可能，最后达到自己的目的。然而，怎样去求人，求什么人，也是大有学问的，为此，我们有必要学习一些求人办事的口才逻辑。

放下面子，大方向对方表达需求

一个人从踏入社会那一刻起，就意味着必须学会如何说话，如何办事。办事、说话的能力怎样，也决定了这个人未来的人际关系和生存状况，世上没有办不成的事，只有不会办事的人。一个会办事的人，无论遇到什么困难，总会逢凶化吉，把不可能的事变为可能，最后达到自己的目的。一个会办事的人，总能通过自己的“手段”，把各种各样的事情协调得尽善尽美。人的一生，就是由各种大事小事组合起来的。因此，我们作为一个社会人，就必须明白，没有谁能一直活在自己的世界里，你更要明白一个道理，社会是一个集体，没有谁能做到不求人，要求人办事，就必须得舍得下面子，如果抱着‘不为五斗米折腰”的态度，你的人生路恐怕会越来越窄。

我们先来看下面一则故事：

1956 年，美苏最高领导人谈判。苏共书记赫鲁晓夫自恃聪明，美国总统艾森豪威尔深藏不露。两人形成鲜明对照。

在谈判过程中，艾森豪威尔自始至终表现得懵懵懂懂，糊里糊涂，每当赫鲁晓夫刚说完，他总是先看看国务卿杜勒斯，等杜勒斯递来条子后，才开始慢条斯理地回答。赫鲁晓夫认为自己作为苏联领袖，当然知道任何问题的答案，而无须借助他人。因此，口若悬河，夸夸其谈的他看到艾森豪威尔“迟钝”“无能”的样子时，当场就讽刺地问道：“在美国谁才是最高的领袖？是艾森豪威尔还是杜勒斯？”当然，最终谈判结果有利于美方。

在这一交涉中，美国领导人艾森豪威尔看似愚笨，但却占到了便宜，这就是一种放低姿态的做法。在这场谈判中，看似聪明的是赫鲁晓夫，因为他看上去非常机敏、果断、博学，而艾森豪威尔则显得愚钝，但真正的事实正好相反，错的是赫鲁晓夫，艾森豪威尔是大智若愚，他的力量是隐藏起来的，他这样做，最起码可以达到以下三个效果：一是主动示弱，能使敌人放松警惕心，从而看清敌人的意图；二是能为自己争取到充分的时间来思考；三是能及时获得助手的忠告。

的确，日常生活中，有太多无奈使你不得不去求人。假如你是一个下属，希望能升职加薪；假如你是一名病人，希望能找到一个医术高超的医生消除你的病痛；假如你正在为工作发愁，希望能找到一份如意的工作；假如你急需用钱，希望能筹借到这笔钱……这许许多多、大大小小的希望便构成了生活。生活会迫使你不得不去求助于别人，但有些人一提到求人就皱眉头，甚至羞于告人，他们对求人怀有一定的偏见，认为那一定是卑躬屈膝、低三下四的。其实不然，身为社会人，不可能做到万事靠自己，寻求帮助是一种生存方式，而且，向别人求取帮助是以自尊、自重、自爱为前提的，要做到求而不卑、求而不倚，这也没有什么丢脸的，但求人办事一定要舍得下面子。

因此，生活中的人们，当你求人办事的时候，你就必须得放下面子，而是否能得到别人的“搀扶”，在很大程度上又取决于你有没有求人的技巧和策略，对此，我们应该从以下四个方面努力：

1. 过心理这一关

这里的心理关，指的是，年轻人既然不能不求人，那不如收敛一下自己的个性，大大方方地去求人，既不要贬低自己，也不要摆架子、虚张声势，摆正心态才能真正做到姿态上的不偏不倚，将自己真正融入到社会中。

2. 放低姿态，适当请求

求人办事，虽然说不能低三下四，但毕竟是求人，肯定是要放低姿态的，还要给足对方余地，不能把求人的话说死，我们可以用商量的口吻向对方说出自己要办的事，比如说：“这件事我办起来很困难，你试试如何？”这是一种巧妙的办法。

3. 要礼貌客气，让对方乐于接受

礼貌待人，这是求人成功的先决条件。一般人际交往，即使不求人，也要客客气气、以礼待人。如果有求于人，就更应该多些礼貌，这样人家才能对你的所求给予考虑，求人如果不懂得讲究礼貌，人家即使有能力帮你的忙，也会因为你的自以为是而拒绝你。年轻人切记勿自以为是，让对方心有他想。

4. 有耐心

生活中，无论做什么事都存在一定的难度，求人办事更是如此。当我们求助于别人时，一定要做好被拒绝的准备。一旦对方有意拒绝，也不要就此放弃，一定要有耐心，只有这样，才有可能求人成功。

5. 豁达大度，不抱成见

求人办事，谁都希望事情能顺利办成，但我们也要知足，如果别人因为有难处或者其他原因不能为你办事或者没有办好事，我们应理解别人的难处。并且，如果你被人拒绝，不可过分追究原因，也不可过分坚持自己的请求，别人既已拒绝，肯定有原因，你过分坚持，为难别人的同时，自己也陷入了被动。如果你问太多被拒的原因，必会破坏双方感情。因此，年轻人，当你被人拒绝后要做到豁达大度，不抱成见。

人生在世，既有风雨也有晴天，所以谁都需要别人的“搀扶”，年轻人在求人办事的时候，要适当地放下面子，但同时也要做到求而不卑、求而不倚！

事先做好铺垫，让请求顺其自然

生活中，人们都有这样的心理，对于那些关系一般或者不熟识的人都是心怀戒备的，并且，也觉得没有必要答应对方的请求，而一旦对对方产生好感，并愿意与之结交后，对于对方提出的请求也就欣然答应了。因此，在求人办事时，倘若向特别要好和熟悉的人求助，可以直截了当、随便一点。但有时求助于关系一般的人、生人或社会地位较高的人时，则常常需要一个“导入”的过程。这个导入过程可长可短，得视情况而定。

王小姐是一大型企业的总裁秘书，总裁的一切行程都由她安排，所以，谁要想见总裁，必须先过她那一关。在工作时，她经常受到很多保险、地产业务员的骚扰，这不，又有三个业务员来了。

第一个业务员对王小姐说：“王小姐，你的衣服挺好看的。”此时，王小姐心里特想听听她的衣服好看在哪儿，结果，那位业务员不再说了，王小姐心想，巴结我也不真诚，令人失望。

第二个业务员说：“王小姐，你的衣服挺漂亮的。主要是衣服搭配得好。”王小姐立刻想听自己的衣服哪里搭配得漂亮，结果也没有了下文，话还是没有说到位。

第三个业务员说：“王小姐，你的衣服挺漂亮的，看起来真的很有个性。”事实上，王小姐已经没有了耐性，但还是想听听自己的衣服有什么样的个性。他接着说：“你看，一般的白领穿衣服都很讲究衣服的职业性，但你不一样，你的衣服是订制的吧，在追求个性的同时又不失职业性，一般人手表戴在左手腕，而你的手表戴在右手腕上，……”王小姐一听，还真觉得自己有点与众不同，挺高兴的，于是就让他见了老总，结果签了一个十万元的单子。

第三个业务员之所以能打动王小姐，见到了总裁，是因为“他踩在了前面两个人的肩膀上”，前面两个人已经对王小姐的服饰夸赞了一番，但却没有让王小姐满足，而他在前两个人的基础上，说出了独到的见解，自然会有与众不同的效果。

求人办事时，对方能不能答应你的要求，能不能全力帮助你把事情办成，关键在什么？关键在他心里是怎么想的。他的心里怎么想问题，决定了他对你提出的事是给办还是不给办。一般来说，如果你和所求之人是陌生人或关系不熟，那么，你就不能急于切入正题，而应该先拉近双方的距离，让一切看起来水到渠成。

那么，具体说来，在求人办事的过程中，我们该怎样逐步“导入”正题呢？

1. 先找到共同的话题

面对不熟悉的人，一开始最好避免开门见山地直述自己要达到的目的，而应该迂回地谈些其他事情，比如天气、足球、服装、电影……，从中找到共同兴趣点，然后再从共同感兴趣的话题不露痕迹地、自然地转入到正题上去。这样可以取得很好的效果。

2. 秉持“说三分，听七分”的原则

许多善于说话的人都强调“听”的重要性，因为只有善于倾听才能达到目的，听人说话的本意在于了解对方的心意，把握对方的想法和要求。而对方是商谈的主角，所以应让对方多说，以对方为中心而自己多听，从而才能更好地掌握对方。

3. “导入”正题时注意运用容易为对方所接受的说法

一句内容和中心思想完全一样的话，由于说法不同，产生的效果可能会有所不同。有的可能会让人觉得亲切、易于接受，有的则让人觉得生硬。通常反复强调你的想法未必能发挥太大的作用。

另外，还要尽量防止自己的话无意间冒犯对方这种情况的发生。所以，在有求于人时应事先对对方有所了解，若无意中冲撞了对方，岂非前功尽弃？

人们对于自己不熟悉的人或事，往往都持有一种排斥的心理。因此，如果对任何请求都直截了当地说出来，会显得突兀，让对方难以接受，而如果我们能巧妙铺垫，然后再导入主题，对方会更易接受。

适时恭维对方，让其不好意思拒绝

生活中，每个人都喜欢听好话，这也就是人们所说的恭维，它会激发起听者的自豪和骄傲。从我们自身来说，恭维完全可以是求人办事时最好的手段之一，我们恭维的时候，先把对方捧高，让其不好意思拒绝你的要求。比如，我们可以给对方一个超过事实的美名，让其自我感觉良好，这样在跟他说话的时候他就会在心里认为自己是很值得别人尊敬的人，对于你的请求，他又怎么好意思拒绝呢？

有些人可能有着一副拒人千里之外的冷面孔，但是未必代表着他不是一个喜欢听好话的人，其实他的内心也无时不在期盼着听到别人对他的高度评价。因此，在求人办事时，我们应该能够观察和把握别人的心理需求，用恭维的形式去发现和赞扬别人的优点，从而俘获对方的心，让他对你产生好感。

清朝末年的大商人盛宣怀准备学习西方在中国设立电报局。他的想法得到了李鸿章的肯定和帮助，但是，朝中以醇亲王为首的保守派对这件事却是持反对态度的。醇亲王是光绪皇帝的父亲，在朝廷中起着十分重要的作用。为了说服他同意自己的建议，盛宣怀就买通了醇亲王府的门客“张师爷”，了解到醇亲王两个方面的情况：一、醇亲王虽然和恭亲王是亲兄弟，但是在对待西方的问题上却有着截然不同的两种态度，恭亲王强调“师夷长技以制夷”，而醇亲王则觉得西方的东西不过奇技淫巧而已；二、醇亲王虽然好武，但又对读书十分感兴趣，以儒王自居。

盛宣怀了解到这些情况之后，就花重金从别人手里买来了醇亲王的诗稿，下功夫背了下来。毕竟“诗以言志”，醇亲王的诗中难免会有其真情实感的流露，盛宣怀通过这些诗歌了解到醇亲王的所思所想。等他准备妥当之后，就胸有成竹地来拜见醇亲王。“回王爷的话，电报本身并没有什么了不起，全靠活用，所谓‘运用之妙，存乎一心’，如此而已。”醇亲王听到他竟然能够引用岳飞的话，脸色就缓和了下来，问道：“你也读过兵书吗？”盛宣怀谨慎地回答说“在王爷面前，小人是不敢妄称读过兵书的，只不过眼下是多事之秋，西夷内犯，文宗皇帝仓皇西狩，积劳成疾，最后却含恨而终。当时如果不是三爷您神武力擒八大臣，恐怕大局就不堪设想了。”被灌了迷魂汤的醇亲王心中不禁高兴起来，便认真地听盛宣怀继续往下讲“国家多灾多难之际，有血性的忠臣孝子们都想洗雪国耻，也正是在那个时候，宣怀才不自量力，看了一两部兵书，只不过，受时运所限，不能上场杀敌，只好投身于商海之中。”盛宣怀每句话都说到了醇亲王的心里，把这位第一王爷捧得有点飘飘然了。趁热打铁的盛宣怀接着把电报的作用说得神乎其神，最后终于说服了醇亲王，同意了让他督办电报事业。

因此，求人办事时，我们不妨也采取这一语言策略。人一旦被认定其价值时，总会喜不自胜，在此基础上，你再提出自己的请求，对方自然就会爽快地答应下来。心理学家证实：心理上的亲和，是别人接受你意见的开始，也是转变态度的开始。由此可知，求助者要想在求人办事时取得成功，一个行之有效的方法就是给予其真诚的赞美。

那么，我们要怎样抬高对方呢？

1. 了解对方，给对方戴一顶最适合的“高帽子”

每个人都有其最自豪的地方，我们抬高别人之前，要先找出对方最值得赞扬的地方，然后加以赞赏，必然会得到他的好感，要说服他，或者请他帮忙也就不再是难事了。

2. 不着痕迹地夸大别人的优点

抬高别人，难免要说一些奉承话、恭维之词，把对方的优点加以拔高、放大。这样的话有明显讨好之意，因此，我们在抬高别人的时候，一定要说得巧妙，最高明的做法是自然而然，不露痕迹。

3. 适当示弱求帮助

用商量的口吻向对方说出自己要办的事，是一种巧妙的办法。装作自己没有任何把握，将建议与请求等慢慢表达出来，给对方和自己留下一条退路。比如说："这件事我办起来很困难，你试试如何？

所谓的"恭维对方"，在求人办事时，就是"捧"，是指对所求的人的恰到好处、实事求是的称赞，并不包括那种漫无边际、肉麻的吹捧。求人时说点对方乐意听的话，尤其是顺便就与所求之事有关的方面称赞对方一下，也不失为一种求人的好办法。

"软磨硬泡法"让对方无力拒绝

现实生活中，一些人在求人办事的过程中，对方一拒绝就失去信心，其实这样是什么事都办不成的。常言道：人心都是肉长的。求人办事的过程中，不管对方态度有多坚决，只要你善于用行动证明自己的诚意，表明自己坚决的态度，那么，对方必定会给你机会，从而把固执的大门打开，于是你就"泡"出成功了。

所以，我们可以认为，软磨硬泡法也是一种逻辑技巧，只要我们有耐心，总会让对方"就范"。

也许你会问，软磨硬泡不就是死皮赖脸吗？实则不然，软磨硬泡立足于韧性与耐心，着眼于感化对方，所谓"精诚所至，金石为开"就是这个道理。因此，在求人办事时，你应该学会克服害羞和自卑，厚着脸皮主动出击，不达目的誓不罢休。

毕加索的妻子弗朗索瓦兹·吉洛特很喜欢绘画，而且在画画的时候不喜欢被别人打扰。一次，儿子小科劳德想让妈妈带他出去玩，可吉洛特已全身心投入到绘画上，听到敲门声和儿子的喊声，只是回应了一声“哎”，之后接着埋头作画。儿子没放弃，接着又说：“妈妈，我爱你。”可得到的回应也只是：“我也爱你呀，我的宝贝儿。”门却并没有打开。儿子又说：“我喜欢你的画，妈妈。”吉洛特高兴了，她答道：“谢谢！我的心肝，你真是个小天使。”但是仍旧没有开门。儿子又说：‘妈妈，你画得太好看了。’这时吉洛特停下笔，却仍然没有开门的意思。儿子继续说：“妈妈，你画得比爸爸还好。”吉洛特知道，自己的画肯定不及丈夫的好，但儿子的话却让她欣喜若狂，她也从儿子那夸张的评价中感到了儿子的急切心情，于是她终于把门打开了，答应陪儿子一块儿出去玩。

小科劳德正是用软磨硬泡的办法敲开了正在专心作画的母亲的门。

所以，求人办事，我们也大可以运用这种方法敲开对方的心门。中国人都好情面，许多事情经过软磨硬泡都可以办到。很多时候，我们所求之事明明合理，可是正常渠道却走不通，这时只有多“磨”才能办成想办的事。

需要指出的是，“软磨硬泡”不是消极地耗废时间，也不是硬和人家耍无赖，而是要善于采取积极的行动影响对方、感化对方，促进事态向好的方向转化。有时候对方推着不办，并不是不想办，而是有实际困难，或心有所疑。这时，你若仅仅靠行动去“泡”很难奏效，甚至会让对方很烦，从而更不利于办事。这时嘴巴上的功夫就显得十分重要了。要善解人意，抓住问题的症结，巧用语言攻心。

表面上看这种方法很简单，但却并不容易做好。要想用此方法达到求人的目的，需要把握好以下两个条件：

首先，必须控制好自己的情绪，要有打持久战的准备。

生活中，不得不说，一些性格急躁的人，他们在求人办事时也会表现出这些缺点，一旦对方拒绝就失意、烦躁，甚至发火，其实，这样都无益于事情的解决。你要学会先深呼吸，告诉自己要冷静下来。不羞不怒表现的就是对对方处境的理解，对方也会因为没有帮上你的忙而觉得内心愧疚，此时，你就站在了主动的位置上，从而就可以方寸不乱地调动自己全部的聪明才智，想方设法去突破僵局，也许会消耗一定的时间但一定会成功。

另外，“软磨硬泡”打的就是一场持久战，需要的就是时间，但恰恰时间就是一种武器，我们谁都有时间，但谁都会珍惜时间，如果你有足够的耐心，那么，这场战你就能胜利。所以，你一定要沉住气，耐心地牺牲一点时间，成功就会等着你！

其次，必须是“赞美”“哀求”“硬磨”三种方法一起用，缺少任何一种都达不到让他哭笑不得的效果，也就难以达到你想要的结果。

“软磨硬泡”是一种求人办事的成功诀窍，它能以消极的形式获得积极的效果，可以表现自己不达目的不罢休的决心和毅力，同时给对方施加压力，也能够增加接触机会，更充分地表明自己的态度、思想和感情，以影响对方的态度、达到求人的成功。

“激将法”激发对方的挑战欲

生活中，有时候，我们求人办事，正面劝说的结果似乎总是事与愿违。但我们可能忽视了一点，那就是人们都有不服输的逆反心理，越是被否定，越是要证明自己；越是受压迫，越是要反抗等。如果我们告诉对方事情存在一定难度，他可能办不到时，那么，便能激起对方的挑战欲，从而愿意一试。

《三国演义》中有这样一个故事：

马超率兵攻打葭萌关的时候，张飞主动请求出战。

诸葛亮却佯装没听见，对刘备说："马超智勇双全，无人可敌，除非往荆州唤云长来，方能对敌。"

张飞说："军师为什么小瞧我？我曾单人独骑抵抗曹操百万大军，难道还怕马超这个匹夫！"

诸葛亮说："你在当阳桥抗曹，是因为曹操不知道虚实，若知虚实，你怎能安然无事？马超英勇无比，天下的人都知道，他在渭桥大战曹操，把曹操杀得割须弃袍，差一点儿丧命，绝非等闲之辈，就是云长来也未必能胜他。"

张飞说："我今天就去，如战胜不了马超，甘当军令！"

诸葛亮看"激将法"起了作用，便顺水推舟地说："既然你肯立军令状，便可以为先锋！"

实际上，在《三国演义》中，诸葛亮常用这种方法来"激"张飞，因为他深知张飞脾气火爆，于是，每当遇到重要战事，诸葛亮先说他担当不了此任，或说怕他贪杯酒后误事，从而激他立下军令状，增强他的责任感和紧迫感，激发他的斗志和勇气，消除他轻敌的思想。

求别人办事的时候，倘若能够明白对方属于哪种类型的人，说起话来就比较容易了。

1960 年，美国黑人富豪约翰逊意欲在芝加哥为公司总部创建一所办公大楼，为此他跑了多家银行，但始终没有贷到款。此时，问题的严重性在于，承包商已经聘请好了，一切已经如火如荼地开始了，但此时工程所需费用还差 500 万美元。假如钱用完了而他仍然拿不到抵押贷款，他就得停工待料。

这天，约翰逊和大都会人寿保险公司的一个主管在纽约市一起吃晚饭。约翰逊拿出经常带在身边的一张蓝图，正准备将蓝图摊在餐桌上时，那位主管对他说："在这儿我们不便谈，明天到我的办公室来。"

第二天，当约翰逊断定大都会公司很有希望给他抵押贷款时，说："好极了，唯一的问题是今天我就需要得到贷款的承诺。"

“你一定在开玩笑，我们从来没有在一天之内给过这样贷款的承诺。”主管回答。约翰逊把椅子拉近主管，说：“你是这个部门的主管，也许你应该试试看你有无足够的权力，能把这件事在一天之内办妥。”

主管微笑着说：“你这是让我为难，不过，还是让我试试看吧。”

结果非常理想，约翰逊成功地达到了自己的目的。

约翰逊的话明显是对那位主管能力和权威的一种挑战，尽管这位主管不一定真的有那么大的权力，但是，为了证明自己能完成这一有难度的任务，自然会答应这样的请求。以激将法说服别人，务必要找到并击中对方的要害，迫使他就范。就这件事来说，要害是那位主管对他自己权力的威严感。

当然，我们在运用这一语言策略的时候，要先了解对方，因人而用。要对对方的心理承受能力有所了解，如果激而无效，那就是白费力气。还有，说话要掌握火候，语言不能“过”。如果说话平淡，就不能产生激励效果，如果言语过于尖刻，就会让对方反感产生不好的效果。

总之，巧言激将，一定要根据不同的交谈对象，采用不同的激将法，才能收到满意的效果。犹如治病，对症下药，才有疗效。

在求人办事的过程中，有时别人并不应允，如果只用直截了当的语言请求他们，他们也许会一再拒绝。在这种情况下，我们不妨表达事情的难度，以此来激发他的挑战欲，尤其是自己的权威、能力受到了质疑的时候，他们的自尊心、自信心就会被激发起来。

互惠原则：预先取之，必先予之

我们都知道这样的人情常理：滴水之恩，当涌泉相报，别人给我一倍的东西，我会给他两倍甚至更多的东西。这种现象被称为互惠原则。

所谓“互惠原则”，是指受人恩惠就要回报。主要表现为，生活中人们经常会以相同的方式，回报他人为自己所付出的一切，你怎样对待别人，别人就会怎样对待你。因为，当人们给予他人好处后，他人心中会有负债感，并且希望能够通过同一方式或者其他方式还这份人情。因此，根据这一心理原则，我们可以得出求人办事中的一个心理策略，那就是求人前先让对方看到自己的“利用价值”，表明我们的回报之心，让对方觉得自己的付出值得，从而自然就会对你伸出援手。

1972 年，美丽的冰岛首都雷克雅未克举行了当时的国际象棋世界冠军挑战赛。

在这一年之前，这一比赛冠军的宝座一直被苏联蝉联，而在这场比赛中，来自美国的象棋选手鲍比·菲舍尔却显露了自己特殊的才能，他过五关斩六将，赢得了向卫冕冠军前苏联选手鲍里斯·斯帕斯基挑战的机会，这是 24 年来第一次由两个不同国籍的棋手争夺世界冠军，该比赛甚至被称为“世纪之战”。

最终，不负众望，鲍比·菲舍尔赢了，成绩是 125：85，他成为国际象棋史上第 11 位世界冠军。

这个特殊的时刻被世人记录下来了，而作为这场比赛的举办国——冰岛，也因此成为全世界关注的对象，并在一夜之间被人们熟识。

然而，就在 1992 年，鲍比·菲舍尔因为违反美国政府禁令，进入正被美国实施制裁的南斯拉夫境内参加比赛而被美国通缉。无奈之下，菲舍尔向世界发出求救。

此时，冰岛站出来同意了鲍比·菲舍尔的请求。对于冰岛同意鲍比·菲舍尔加入该国国籍，冰岛媒体这样评价：“是鲍比·菲舍尔让冰岛在世界地图上占有一席之地。”英国媒体也认为：“冰岛人民为了表达感激之情，用提供庇护的方式来报答鲍比·菲舍尔先生。”

冰岛之所以同意鲍比·菲舍尔加入冰岛国籍，并对其进行庇护，正是互惠原则的体现。一场因为鲍比·菲舍尔获得冠军的世界象棋挑战赛，让世界人民熟识了冰岛这个国家，从而使冰岛在世界地图上占有一席之地。为了回报鲍比·菲舍尔给冰岛乃至冰岛人民带来的荣誉，他们主动站出来，解决了鲍比·菲舍尔的困境。

的确，一般人求人办事时，态度一定会低三下四，让对方可怜，好像只有这样才容易获得求助。但是这种人对方可能见得比较多，也就会见怪不怪了。而如果我们能主动展现出我们可以“被利用”的地方，让其看得到日后的回报，往往能让对方愿意伸出援助之手。那么，具体来说，我们该怎样运用互惠原则来求人办事呢？

1. 为自己贴金，让对方看到你的潜力

比如，在谈判桌上，你希望对方与己方签订协议，那么，与其刻意地恭维对方，倒不如底气十足地向对方提出要求，并可以在无意中表明已有其他合作方愿与己方合作的情况，这样就会在无形中抬高了己方的身价，至此让对方对己方刮目相看，如此一来事情自然就好办多了。

很多场合，双方情况都是虚虚实实，谁也无法完全摸清对方的底细。在这种大环境下，如果你势力弱而又想借助对方的力量的话，那么你就应该多往自己脸上贴些“黄金”，抬高身价，至少给对方一个你实力强大的假象，让对方看到你潜在的实力，进而愿意祝你一臂之力。

2. 承诺给予对方一定的利益

其实，人们在遇到他人求助于自己的时候，总是在寻找一种心理平衡，即帮助他是不是值得？我能得到什么好处？他会不会记得我帮助过他？在这些疑问存在的情况下，人们是不愿意下决心帮助你的，此时，如果你对对方许下承诺，保证会给对方一定的利益报酬，那么，就等于给对方吃了一粒定心丸。

很多情况下，一些人在看不到帮助你之后得到的利益的情况下，是不会对你伸出援助之手的。如果你一反常规，多谈及对方在帮助你之后会获得的利益，那么，综合权衡之下，让对方答应请求的概率会大大增加。

下篇：你不可不做的沟通实战

第 11 章　面面俱到，迅速适应职场环境

现代社会，任何一个人，只要一踏进职场，就得和同事、领导打交道。那些善于处理职场人际关系的人，都是高情商者，他们总是能在职场中如鱼得水。然而，也有一些人为此而苦恼，不知道怎么和同事、领导打交道，总是被一些潜在的职场规则弄得筋疲力尽。因此，你有必要培养自己的职场情商，当你懂得如何做一个忠诚的下属、一个“面面俱到”“圆滑老练”的同事时，就表明你已经是一个职场交际老手了，这样你自然就能获得众人的接纳和支持，从而顺利开展工作大计！

既要低头工作，也要表现自己

很多时候，我们辛苦努力地工作了一整天，也许就因为一句话说得不好而导致前功尽弃，功劳全无。因而有人曾经说过，即便努力工作一整天，也不如一句话说得恰到好处效果显著。虽然这种说法未必能够放之四海而皆准，只在特殊情况下能够应验，但是这句话也告诉我们，职场上做得好不如说得好，我们既要做得好更要说得好，如此双管齐下，才能在职场上出人头地，得到领导的赏识和认可。

身在职场，很多人都害怕和领导打交道。或者是担心一言不合而招致领导厌烦，或者是害怕说得不对而导致功劳尽失，也或者是因为紧张，到了领导面前根本就说不出话来……其实，领导不是大老虎，我们根本没有必要如此紧张和害怕。只要我们掌握与领导说话的技巧，把话说到领导心里去，这些话就能起到积极的推动作用，帮助我们与领导更好地相处，甚至还能给领导留下好印

象呢！

近来，张骞所在的公司正与另外一家公司争夺一个大的广告项目。一旦顺利谈下这个项目，至少半年的营业额就会收入囊中，当然成功拿下项目的人也会成为公司的大功臣。此时此刻，张骞的领导就在争取成为这样的大功臣，从而让自己的晋升更快一些。作为领导的左膀右臂，张骞自然也感到压力倍增。

一连几天的时间里，张骞都在领导的带领下，和同事们一起奋战到深夜。终于在今天下午，项目的准备工作已经全部做完，只等着竞标了。看着同事们一个个顶着黑眼圈，领导也于心不忍，因而邀请大家一起去楼下的饭店好好吃喝一顿。席间，领导当然少不了说些客套话："最近辛苦大家了，咱们是一条船上的战友，相信我们每个人的付出都会得到回报。"听了领导的客套话，很多同事都心照不宣，只是稍微笑了笑而已。张骞却一本正经地举起酒杯敬领导："领导，您说这些话就见外了。咱们都是一个战壕里的战友，领导能够飞黄腾达，我们才能有出头之日。我们都愿意忠心耿耿地追随领导，等着领导带我们创造更多的辉煌呢！"虽然张骞这几句话说得意味很浓，但是领导却笑得合不拢嘴，对他而言下属的忠诚是最重要的，他当然也愿意一切都如同张骞所说的那样，大家能够万众一心，把他扶上马再送他一程。

俗话说，会说说得人笑，不会说说得人跳。张骞在宴席间说的几句话尽管未必都是出于真心，也许还有客套的成分，但是在领导耳中听来却是美言。也因此，领导一定会对张骞印象深刻，再有好事情的时候又怎会不想起张骞呢？凡事都要审时度势，我们也必须学会说好话，博得领导的好感和赏识，工作上才能更加顺利，也更容易做出成就。

需要注意的是，在有机会和领导打交道的时候，千万不要胆怯。一个人要想得到领导的赏识，必须先借助机会进入领导的视野，然后才能以巧妙的语言得到领导的赏识和认可。其实，只要有心，工作的过程中经常有机会和领导打交道，诸如向领导汇报工作、与领导交流工作心得等，这些都是展现自己的好机会，千万不要错过。

善于交流，让自己快速适应环境

我们都知道，现代职场，无时无处不存在着激烈的竞争，同时也需要很密切的合作。时代的发展，决定了合作与竞争的辩证关系。我们需要在竞争中胜出，体现我们的工作能力；但同时，由于现代社会工作的要求，每一项工作都离不开他人的帮助与合作。那些高情商的人，无论他们参与什么类型的工作，进入什么样的公司，他们总是能以最快的速度融入环境，并赢得同事和领导的支持，从而工作顺利，而那些自命清高，不善于同他人合作的人必然举步难艰，在竞争中失败。

俗话说得好："浇树浇根，交友交心。"身处职场，要获得他们的信任和支持，我们首先需要做的就是要懂得如何与同事、领导交流，那些职场人际关系良好、和同事、领导相处融洽的人，无不是做人低调、性格温和、举止稳重的人，有时候，一张笑脸或一句问候，就能让我们感受到他们的善意，而对于他们，我们往往都信任有加。

那么，身为职场中人，该如何才能做到善意交流，以此也获得他人的支持呢？

1. 克制自己的情绪，不要对同事发脾气

办公室中，经常有这样一些人，他们往往总是自以为是，容不得任何批评建议，常怒气冲冲，向同事发脾气，或是为一点儿小事到处抱怨，骂骂咧咧，或是牢骚满腹，怪话连篇。这样的人，谁又会喜欢呢？

我们都知道，人的情绪是会感染的，但无论是谁都讨厌无故伤害别人情绪的人，哪怕他是为了工作，为了"正事"。

因此可见，控制好自己的情绪多么重要。每个人的情绪都会时好时坏，学会控制情绪是我们成功和快乐的要诀。

2. 发挥微笑的魅力

俗话说得好，伸手不打笑脸人，对于别人善意的微笑，我们怎么可能会拒绝呢？卡耐基说，笑容能照亮所有看到它的人，像穿过乌云的太阳，带给人们温暖。行动比言语更具有力量，微笑所表示的是：“我喜欢你，你使我快乐，我很高兴见到你。”工作中，我们对他人多报以微笑，才会让同事被我们的善意和热情所打动，久而久之，他们也会对我们回以微笑。

卡耐基鼓励成千上万的商人，花一个星期的时间去做一件事，那就是每天24个小时都对别人微笑，然后再回来上班，谈谈所得的结果。情形如何呢？威廉·史坦哈是好几百人中的典型例子。

“我已经结婚18年多了，”史坦哈说，“在这么长时间里，我从早上起来到准备出门去上班的这段时间，很少对我太太微笑，或对她说上几句话。我是百老汇最闷闷不乐的人。”

“既然你要我以微笑的经验发表一段谈话，我就决定试一个星期看看。”

“现在，我每天去上班的时候，都会对大楼的电梯管理员微笑着说一声‘早安’；我以微笑跟大楼门口的警卫打招呼；我对地下火车的出纳小姐微笑，当我跟她换零钱的时候；当我站在交易所时，我对那些以前从没见过我微笑的人微笑。我很快就发现，每一个人也对我报以微笑。我以一种愉悦的态度来对待那些满肚子牢骚的人。我一面听着他们的牢骚，一面微笑着，于是问题就容易解决了。我发现微笑带给我更多的收入，使我每天都能获得更多的钞票。”

“我跟另一位经纪人合用一间办公室，他的职员之一是个很讨人喜欢的年轻人，我告诉他最近我所学到的做人处世哲学，我很为所得到的结果而高兴。他接着承认说，当我最初跟他共用办公室的时候，他认为我是个非常闷闷不乐的人，直到最近，他才改变看法。他说当我微笑的时候，我看起来很慈祥。”

可以说，是微笑让威廉·史坦哈的人际关系有了巨大的改善。有微笑面孔的人，就会有希望。没有人喜欢帮助那整天皱着眉头，愁容满面的人，也不会有人愿意去接近他们。而对于那些受到上司、同事、客户或家庭给予的压力的人，一个笑容就能帮助他们认识到一切都是有希望的，世界是有欢乐的。只要活着，不管是忙着还是闲着，都不能不微笑。

3. 要学会真诚地赞美你的同事和领导

可能很多人会认为赞美领导实为小人之举，那些赞美领导的话同样也说不出口，那么请问，你有打心眼里认为领导好吗？如果不是，你就找到为什么赞美之言难开口的原因了。这是一种既不能客观地看待自己，也不能客观地看待别人的表现。因此，从现在起，你不妨多看看同事们的优点，这样，你就能由衷地赞美他们了。比如，看到女同事打扮得得体，就可以夸她，你今天看上去很精神，精干不失妩媚。她听了一定会很高兴；而夸男同事，则可以称赞其幽默风趣，办事精练。从另一个角度来说，你经常夸奖别人，也会给人造成亲近感，这对你日常工作都是有帮助的，使得你办任何事情都会比别人容易。一个能搞好人际关系的下属往往能得到领导更多的关注。

4. 以真诚打动人心

身处职场的我们，无论从事什么工作，都要报以热情。而对于我们周围的同事，我们也要以诚相待，用诚心和热心打动同事。热心是首要的，对工作、对同事都报以积极、热心的态度，如关心同事，见面打招呼，买些小东西，参加大伙活动，写些小卡片……都是方法。此外，还有最重要的一点便是，要想得到同事的认可，首先必须得主动敞开自己的心扉。从一开始就要讲真话、实话，不遮遮掩掩，吞吞吐吐，要以你的坦率获得新同事的好感和爱戴。

因此，从现在起，不要再苦恼自己为什么在办公室得不到同事和领导的喜欢、事事不如意了，或许过失并不在于他们，而在于我们没有做到用真心、诚心、热心打动他们！

见什么人说什么话

现代社会，人际间的竞争越来越激烈，在这样的大环境下，并不是每个人都愿意采取公平竞争的方式方法。职场中，就有那么一些人，在与他人交往的时候，心怀鬼胎、作风不正、行事诡诈，冷不防就会对那些有损他们利益的人要点儿手段，让人防不胜防，对于这样的人，我们做不到处处提防，但可以退避三舍。

职场中的人们，你要记住，无论在工作还是生活中，你可以保证自己做人做事光明磊落，但不能保证别人也会如此，对于那些行事诡诈之人，只有远离他们，才能让自己有效地减少危险。

可能很多刚踏入职场的新手们都会遇到这样的问题：那些前辈们一个个都对自己礼貌有加，为了能加深与前辈们的关系，你会主动将自己的一些小秘密与他们分享，你原以为自己已经在职场交到真正的朋友，可是，升职、加薪似乎都与你无缘，你原以为是自己努力不够或者是运气不好，于是，即使你心存疑虑，但还是一直努力地工作着……但事实上，你根本没想到，是那些你所谓的“朋友”和“前辈”们绊了你一脚。大多数在职场栽跟头的人都是因为没有避开这些“小人”的暗算。

对于这样的小人，我们该怎么对付呢？我们先来看看小杨是怎么做的：

小潘和小杨是很好的朋友。无论是生活中还是工作上，小潘对小杨都照顾有加，但知人知面不知心，最终出卖小杨的就是小潘。

“小潘太过分了！”刚被领导训了一顿的小杨气呼呼地发牢骚，“我的案子怎么就成了他的了？我还成了剽窃者？这月奖金又泡汤了！”小杨的话立刻引起办公室里其他同事的共鸣。小潘做事确实不够磊落，他总是喜欢剽窃办公室其他同事的心血。而平时，他总是对大家和颜悦色，不是帮大家买午饭，就是冲咖啡。表面上看，他是个很随和的人，但心里却另有一套。

关于这次事件，小杨是这样陈述的：

“昨天，我很满意地完成了一个策划交给经理。谁知今天他找到我说：‘小杨，我本来很看重你的才华和敬业精神，没有新点子也没什么，但你不该抄袭其他同事的创意。’经理看我一脸惊讶，递给我一份策划书。天哪，竟然和我那份惊人地相似，而策划人竟是小潘。面对经理的不满和我好朋友的‘心血’，我哑口无言，因为我没有任何证据能证明我的清白。”在大家的帮助下，小杨决定找个机会澄清事实。

机会终于来了，小杨接了一个很重要的案子，他比平时更忙碌，他从自己的新点子里筛出了两个方案，做出A、B两份策划书，明里小潘还是经常主动来帮他做A策划书，但暗地里小杨已把B策划书做好交给了经理，并请经理配合他先不说出去。果然，不久小潘交上一份和A书颇为相似的策划，明白真相后的经理非常恼火，请小潘另谋高就了。

这里，小杨是聪明的，他并没有直接和小潘挑明，而是团结同事，发挥才智，让他当场现形，遏制住他的势头。如果碍于情面或讲君子风范，吃亏的只能是自己。

小杨更是幸运的，因为现实生活中，对于小人，我们多半都是斗不过的，“小人”就是“小人”，不管他身处何职，出的点子、办的事情都是“小家子”之气，他们行事诡诈，总是想着整人害人，否则就枉费了“小人”之名，这就叫：本性难改。对待这类人物只有一个办法：不予理睬、退避三舍。每个群体里皆会有这类“伪君子”，但似乎职场更为多见。人们说，“防人之心不可无”，这种人才是你最应当引起注意的人。而且这种人，不与他一起工作很长的时间，是不可能发现他们的阴毒的。在你刚与之接触时，他们无比热忱主动，并会踊跃地为你解决一些小问题，而且为你想得很周到，也表示出来真是为了辅助你的样子，主观上也能达到使你好的效果。但是，这里有个条件，你不能侵占他们的好处，好比升职、加薪等。否则的话，他们会立刻拉下脸来，与你拼个鱼死网破。

生性率直的你，是否曾经有过这样的困惑：我工作努力，对大家也很友好，上司对自己印象更是不错，但却总是不能取得自己希望的成功，升职加薪似乎总是与自己擦肩而过，甚至常常感到工作不顺心，仿佛时时刻刻有一只看不见的手在暗中扯你的后腿，此时，你也许会灰心丧气地叹道："真是时运不济呀！"其实这时候你可能已经中了别人的"暗箭"了。

阴险的人没有明显的标志，一般情况下，短时间内不容易辨别，但随着时间的推移，终究会露出蛛丝马迹。阴险之人的表现大体有以下几个特点。

1. 喜欢造谣生事

他们把造谣生事当成家常便饭一样，乐此不疲。为了达到自己的目的，不惜诽谤别人，诋毁别人的名誉。

2. 喜欢挑拨离间

他们为了达到谋取个人利益的目的，通常会使用离间法挑拨朋友之间的感情，好从中坐收渔翁之利。

3. 擅长拍马奉承

这种人嘴甜如蜜，善于恭维别人、拍马屁，甚至无中生有地说别人的坏话。

4. 具有势利眼病

他们对有权有势的人关怀备至，一旦有一天他们发现自己所依附的靠山调离此处或出现问题轰然倒塌时，他们就会落井下石，迅速抛弃对方，另寻高枝。

总之，与这样的人交往，要有防范之心。他们一般都攻于心计，和别人交往时，他们往往把自己真实的一面隐藏起来。交往中遇到这样的人，切记不要让他们完全掌握你的秘密和底细，更不要为他们所利用，或一不小心陷入他们的圈套之中。

快速应变，主动出击掌握主动权

宋代《鹤林玉露·临事之智》中云：“大凡临事无大小，皆贵乎智。智者何？随机应变，足以得患济事者是也。”从女人的角度来理解这句话便是：聪明的、情商高的女人便是能随机应变、灵活处事之人。

在职场上，各种信息日新月异、更新换代频繁，每个女人都要面对比过去更复杂的环境，而如何迅速地分析、处理这些情况，是女人们把握时代脉搏、跟上时代潮流的关键。因此，应变力也是职场女性应当具有的基本能力之一。快速应变能使自己永远处于主动地位，驾驭事态发展，主动出击以实现既定目标。

与人打交道是职业女性每天必不可少的工作，应对言谈交往中突发状况的能力恰是应变力的体现。在谈话中，你若是觉察到自己的语言错误，往往会因心理紧张而产生思维障碍，甚至无法继续讲下去。这时，应变力强的女人能立即针对自己的失误，进行一番合乎情理的阐释，以补救尴尬场面。

一次，刘晴出席同事的婚礼，主持人热情地邀请她作为嘉宾上台讲话，上台后，她即兴致辞说：今天，是职业中学的陈先生和经贸公司的张小姐喜结良缘的好日子……也许有人以为我说错了，陈先生和张小姐不是在同一个公司上班吗？是的，陈先生的确已经从商了，但一个月前，他还是职业中学的一名优秀青年教师。在我们的心目中，他永远是我们的好同事。我愿借此机会，代表职中全体教职工，向一对新人表示最真挚的祝福！

显然，刘晴一时激动，把新郎现在供职的单位介绍错了。也许她从听众异样的表情上觉察到了自己的口误，于是，稍稍停顿之后，她迅速应变过来，巧妙地进行了阐释。听了此番入情入理的阐述，谁还会责怪她语言上的小小失误呢？

刘晴这一化错为正的表白，不仅自圆其说，化解了自己的过失，而且增强了抒情的真切感，产生了独特的现场反应，这不得不说是她出色应变能力带来的效果。同样，身为化学教师的王澜也应用她的应变能力因势利导，化课堂尴尬气氛为活跃。

一次公开课上，王澜在演示试验前讲道：“当我们把燃烧着的金属钠放到装满氯气的集气瓶中时，将会看到钠剧烈燃烧并生成大量白烟。”然而在演示时集气瓶中出现的不是白烟而是黑烟。全班大惊，同学们吵吵闹闹地议论起来。王澜很快意识到这是由于自己疏忽忘记清洁钠表面杂物而导致的结果。但她马上沉静了下来，并将计就计，继续把试验做下去。

她问一位同学：“你看到了什么？”学生不说，她鼓励说：“要实事求是，看到什么说什么，这才是科学的态度。”“王老师，我没看到白烟，而是黑烟！”学生鼓着勇气回答。“你的观察很准确。”王澜勉励着同学们，并进一步启发说，“这样看来，刚才燃烧的东西就不是金属钠了！可是，这的确是块金属钠。那么，刚才为何燃出黑烟呢？请同学们回忆一下金属钠的物理性质与贮存方法。”王澜此话说完，同学们一下子活跃起来，纷纷抢着发言：“金属钠性质活跃，不能裸露在空气中，而应该贮存在煤油中。”“对了！”王澜怀着歉疚的心情对同学们说，“由于老师的疏忽，实验前没有将沾在金属钠上的煤油处理干净，所以才发生了刚才的实验事故。为了证明我们刚才的论断，老师不打算回头处理煤油，而是将沾有煤油的金属钠继续烧下去。请大家想想，烧的过程中，烟的颜色将发生什么变化？”“黑烟之后将出现白烟。”同学们异口同声地说。

于是，王澜重新点燃了金属钠，它刚开始还冒着黑烟，不过放入集气瓶后烟的颜色逐渐变淡。王澜将燃烧着的金属钠又移至另一个集气瓶中，燃烧变剧烈了，似乎听到了“嘶啪”的响声，集气瓶中的白烟不断翻滚！“同学们，你们的预言实现了！”王澜向大家宣布。课堂上响起了热烈的掌声。

王澜面对因自己疏忽造成的课堂“异变”，沉着冷静，快速应变，收到了神奇的效果，充分展示出了应变之术的魅力。其实，职场本就充满着选择和被选择，选择工作对于女人来说是一个重大的决策，职业生涯又如战场，而战场上瞬息万变，未来充满着机遇和挑战，这就需要你及时应对，运筹帷幄，以达到“海阔凭鱼跃，天高任鸟飞”的理想境地。

在波澜壮阔的职场上，精英女人们要学会为自己做好职业生涯规划，插上腾飞的翅膀；在变幻莫测的职场中，聪明女人们要学会做好你们的职场应变计划，鼓足前进的风帆！相信从现在做起，你的计划终将变成现实，美梦终将会实现！

妙语生花，把握制胜法则

在现代职场中，你不可能独来独往，总需要与他人在工作中合作、沟通，而语言作为这样一项基本技能，已被人们所共识。我们常会看到，有时候一句话可以化干戈为玉帛，也可以让同事变成仇人，可以功败垂成，更能改变人生。可见，语言与我们的工作密切相关。情商高、懂得说话技巧的女人，到哪里都会受人欢迎，工作也会顺风顺水。

语言不仅能起到传递工作信息的作用，还能让许多素不相识的人成为我们的同事、客户、朋友；能为同事们排忧解难，消除疑虑和误会；能安抚同事们烦闷的心情，让他们充满激情地面对工作；能鼓励悲观的同事们，让他们微笑着满怀信心地迎接新工作；还能体现你身在职场的修养、知识、魅力等。所以，身在职场，我们应当掌握能说会道的方法和技巧。

老板或上司作为公司的领导，有一定的权威和尊严。所以，在和老板或上司说话时要注意维护他们的尊严，如此才能更好地与之沟通，并有助于树立自己的良好形象。

陈静最近对自己的上司很不满意，心中满怀牢骚。原来是别的部门要从陈静所在的部门调走一个人，陈静很想换到这个部门尝试一下，而且那个部门所做的工作正好是陈静的专长。于是上司向大伙征询意见时，陈静马上就主动向上司表示自己愿意过去。但是上司根本没有考虑她的想法，反而让别人去了。

陈静为什么没能如愿以偿呢？仔细想来，正是她的沟通方式让她事与愿违。身为下属，如此迫不及待地直接向上司要求调去其他部门，作为上司心里会做何想法，自然会感到很没面子，“我对你有这么不好吗？你就这么不愿意待在我领导的部门吗？”自然也不会顺顺利利地让陈静去了，即使换个上司，估计也不会让陈静就这么容易地去其他部门工作。

如果陈静能掌握语言分寸、时机、技巧，换个方式，找个其他人不在场的时间与上级好好交流，谈谈心，认真地向他表示：我很不愿意离开您，很想继续跟着您学知识。但我觉得自己比较适合那个部门的工作，如果您让我过去试试、锻炼一下自己的能力，我一定很感谢您对我的栽培。相信这样一番诚挚的话语一定会打动上司的心，从而上司才会乐意让陈静过去。如此，既不会伤和气，陈静也能如愿以偿，皆大欢喜，这不是令人满意的结局吗！

在工作中，同事是与你相处时间最长的人。和同事的关系处理得好，将十分有利于我们的工作，反之，则会成为一种障碍。所以在和同事交流的时候，更应该注意说话的技巧。与同事沟通，要讲究说话的分寸：话太少，大家会认为你不合群、不善交往；话太多，容易让别人反感、误解，认为你爱耍嘴皮子。所以说话要掌握分寸。

王梅对待工作踏实肯干，总是能够又快又好地完成老板交代的工作。所以老板很器重她，常放心地将一些复杂的工作交给她去做。更让王梅自豪的是，只要她一从老板办公室出来，同事们就对她很亲热，聚在她周围问长问短。为了和大伙打成一片，王梅就把公司的一些事情告诉了他们。慢慢地，王梅发现同事们老在背后议论她，说：“一个连老板都敢出卖的人，什么都说的人，估计不是什么好人！”听到这种评价，王梅心寒极了，欲哭无泪。

其实王梅犯了一个和同事交往的大忌——不能把老板的任何事情泄露出去。常言道“祸从口出”，所以，在和同事交往时一定要把好口风，该说的说，不该说的不说，说话之前一定要考虑清楚，谨慎而行，才能和同事们相处和谐。

与同事沟通，还要切忌背后说人是非。背后说话，就会有闲言碎语。经常在背后说别人是非的女人，肯定无法成为受欢迎的女人。因为凡是有点头脑的同事，都会这么想：这次你在我面前说别人的坏话，下次你就有可能在别人面前说我的坏话。这样一来，你的印象就很难好起来了。

对于爱说话、性子直爽的女人，还要注意不要随便向同事倾吐心事。虽然吐露想法是富有人情味的交谈，也许能使你们之间的关系变得友善，但没有人能够保证严守秘密。所以，当你的事业危机和感情变故等发生时，最好不要到处诉苦，切不可把同事的“友善”和“友谊”混为一谈，以免给人造成麻烦不断的印象，而成为大家关注的焦点。

若你爱好并擅长辩论，凡事喜欢争论，一定要胜过别人才肯罢休，那建议你最好在办公室外发挥你的“嘴皮神功”。不然，即使你逞了一时口头之快，占了上风，但影响了你和同事们之间的关系，说不定对方会因此怀恨在心，而时刻想着还以“颜色”，让你难以顺利发展。

身在职场，一定要讲究说话的技巧，以免给自己招来不必要的麻烦，影响事业的发展。虽然没有一个女人生来就是语言大师，但只要肯不断学习，坚持在实践中练习，我们就都能自如地驾驭语言，潇洒从容地与他人交流，从而为自己铺设一条通往成功的康庄大道！

上司的心思可以猜但不可乱猜

不管是你有幸找到了自己喜欢的工作，还是遗憾地进入了并不如意的岗位，你都需要同上司建立良好的关系。只有与上司关系融洽，你才会获得更多升迁、加薪的机会，你的工作也才会更加顺利。

得到上司的关注，我们就需要了解上司的心思，但别自作聪明地妄图猜测上司的心思。每个人都有自己的价值观，这些价值观不太能妥协，也不容易改变，而且它决定着我们的思想和行为准则。

比如有的上司时间观念比较强，如果你迟到了，他就会对你的印象大打折扣；有的上司看中办事效率，如果你做事情拖拖拉拉，也会影响他对你的看法；有的上司讲诚心，所以有什么困难不妨对其坦诚相告……

总之，要通过仔细留意平时行为和同事之间的讨论来了解上司的价值观，并据此改善和调整自己的工作习惯。

平时工作时，要留心观察什么事会让上司高兴，什么事会让上司生气，什么事会让上司苦苦思考，什么事会让上司压力重重。比如，同事告诉你上司晚上的工作效率高，上午因为大脑消耗过多，心情容易烦躁，那么你就不要上午跑去汇报工作了，不妨把工作完成之后，下午再去汇报，以免产生反效果。

经过仔细观察后，一旦能够掌握上司的情绪反应了，你就知道怎样才能避开阴云密布，缓解上司的心情，以免不慎让上司的情绪雪上加霜，并能据此采取更好的沟通方式让自己的想法得以实现。

若是上司讲话时语速快、呼吸急，并常用视觉词汇，如“看”“听”等，就说明你的上司是视觉型的沟通者。所以你向其汇报时，不要光用口头表达，更要准备一份完整而细致的书面报告以备其事后阅读。同时，适当加快你的说话速度，以提升你的沟通效率，让其认为你是个办事效率高、雷厉风行的得力助手。

若是上司讲话时语速适中，语调温和，并常用听觉词汇，如“听”等，就说明你的上司是听觉型的沟通者。面对这样的上司，条理分明、用词恰当的口头表达是最佳的沟通方式，尤其是当你临场表现落落大方时，印象分更会大大增加。

若是上司讲话时语速缓慢，呼吸深长，并常用感觉类词汇，如“感觉”“掌握”等，就说明你的上司是感觉型的沟通者。面对这样的上司，你在谈话时候，要注意把握谈话的氛围和谈话的尺度，并且要调整好自己说话的语调，让其感觉舒服。

每个人所喜欢的沟通方式都是不同的，上司也不例外，因此我们就需要了解上司喜欢的沟通方式。在此介绍一些女人们同上司建立良好关系的秘诀：

1. 事先了解上司喜欢关注的焦点，并加以剖析，这样你在谈话时才能对症下药，或提出合适的反对意见，以让其觉得你并非吹嘘拍马屁之人，而是对事物考虑周全严密的可造之才。

2. 提出观点前，先扪心自问这个想法能给上司带来什么好处，如果你的想法能符合上司的工作重点和发展方向，自然能得到其关注和赏识。

3. 多做事情，少说话。在作保证之前，多做事情，少说话，不要耍嘴皮子功夫。同时，在向上司作出承诺时，不要夸夸其谈，将目标设得太高，相反，设定得稍微保守一点，一旦你最后完成的结果超越了目标，上司便会对你另眼相看，从而更加重视你。

4. 凡事不要只提及问题与难处。同上司沟通工作时，不要总提及问题和难处，每个上司都喜欢能解决问题的下属，而不是经常抱怨的部下。

5. 带着可能的解决方式求助上司。当遇到工作瓶颈时，请带着可能的解决方式求助上司，这既能让你在上司面前展示解决问题的能力，又能让上司看到你有责任、会思考的一面。

6. 及时询问反馈意见。处理完工作后，及时向上司寻求反馈意见，当然，这个尺度和时间的把握就要因上司而异了。

第12章　学会倾听，听懂领导的言外之意

作为下属和员工，最能有效地表现出你对领导的尊敬的途径就是学会倾听。当领导者在讲话时，他看见员工们静静地站在一边，聚精会神地听自己讲话，一时之间，他就会觉得自己领导的身份备受尊崇，内心的自豪感也油然而生。

认真倾听，表达尊重

上帝给了人们两只耳朵，一张嘴，其实就是要我们在生活中多听少说。尤其是在职场和官场中，那些备受领导欣赏的下属一定是一个好的倾听者，而不是滔滔不绝，喋喋不休的人。有效地倾听，不仅仅是对别人的一种肯定，更是对别人的一种尊重。在职场和官场中，最善于与领导沟通的高手，是那些善于倾听的人。也许在领导讲话过程中，他并没有说上几句话，但他却得到了领导的肯定，甚至会被领导认为是一个善于言辞的人。倾听是对领导最好的尊敬，专心地听领导说话，是你所能给予领导的最有效，也是最好的赞美。通常情况下，人们总是更关注自己的问题和兴趣，同样的道理，假如有人愿意听你谈论自己，你就会马上有一种被重视的感觉。即便是领导，他对倾听自己讲话的下属也有一样的感觉，估计没有任何一个领导愿意看到自己讲话没人听的场景。

一般而言，在人与人沟通的过程中，表达往往是以自我为中心，而倾听则是以对方为中心，是对他人的一种尊重和重视。虽然两种表达的效果不同，但特别是在官场和职场这样的场合，倾听领导讲话比表达个人意见更为重要。作为下属，不仅仅要能说会道，更需要学会倾听，因为“听”也是对人的一种尊

重。在生活中，其实每个人都希望和渴望对人倾诉内心的声音，也希望得到聆听者的理解和赞同。领导也不过是一个普通人，跟平常人一样，他内心也有这样的诉求。对此，下属要善于了解领导的心理，领会其渴望对人讲话的内心诉求，适时做好倾听者的身份，从而赢得领导的赏识。倾听领导的心声，远比滔滔不绝地讲话更能打动领导的心，这时倾听是一种尊重，更是一种心灵慰藉。

这天中午休息的时候，张总正在办公室里大谈自己的“当年”：“当初，我也是跟你们差不多的年纪，一个人南下来到广州，人生地不熟，开始到处找工作……”旁边的下属们都纷纷围拢过来，聚精会神地听张总讲话，只有办公室里的小李一个人躲在角落里玩手机，似乎根本没看见张总这个人。

张总一边讲着，一边用手挥舞着，下属们一个劲儿地称赞：“张总，那时你可真是初生牛犊不怕虎啊”“是啊，张总，没想到年轻时候的你也是这样的血气方刚呢”“咱们张总那当年可是响当当的人物，否则现在怎么能成了咱们领导呢？”“就是，就是”。

不一会儿，上班时间到了，人群纷纷散去，张总也结束了自己的讲话。这时他有意无意地看了看角落里还在玩手机的小李，脸色有些不悦。

当所有的下属都聚精会神地听领导讲话时，小李却躲在一旁玩手机，这样相反场景的映衬，会让领导加深印象，他会认为躲着不听自己讲话的人必然对自己不够尊重。一旦领导心中产生这样的感觉，那就意味着小李在以后的工作中或多或少会遇到一些困难，也并不是说领导会因此为难他，而是即便他做了什么，也会很容易被领导忽视。

小菲是公司里年纪最小的，但是大家都很喜欢她，因为她积极上进，总是很虚心，不管是谁说话，关于工作的或者与工作无关的，她都能够做到安静地倾听。小菲的这个特点备受领导赏识。

办公室主任老王是出了名的“唠叨王”，他经常逮着机会就讲话，尤其是对下属，不管是工作上的还是生活中的，只要他愿意继续讲下去，估计可以讲上半天。对此，下属们都惧怕他，一看见他来了就赶紧找机会溜走，或者是躲起来。但小菲却从来不躲不藏，每当老王讲话的时候，小菲总是很认真地倾听，哪怕是一些与工作毫无关系的话。在小菲看来，倾听领导讲话，这本身就是对领导的一种尊重。也正因为小菲有如此认真的倾听态度，才让老王每次回到办公室都感叹：“小菲真是不错啊，每次我讲话，无论时间多长，她从来不会表现出不耐烦的表情。”于是，每次办公室有什么重要的工作，老王都会吩咐小菲去完成，以此来不断地增加她的工作经验。

或许小菲的资历、工作经验、能力等不如其他的同事，但她身上表现出来的最难能可贵的一点就是懂得倾听。倾听领导对工作的意见，倾听领导对生活的想法，以此表达出自己对领导的一种尊重，同时，在倾听过程中，还能有效地亲近领导，了解领导，对于小菲自己以后的工作也是很有帮助的。

在小说《傲慢与偏见》中，丽萃在一次茶会上专注地听着一位刚刚从非洲旅行回来的男士讲非洲的所见所闻，几乎没有说什么话，但分手时那位绅士却对别人说，丽萃是个多么擅言谈的姑娘啊！足以见得，这就是倾听别人讲话的效果。这会让你更有效地传达出对领导的尊敬之意，从而赢得领导的喜欢。

听得清楚不等于听得懂

倾听，不仅仅需要听清楚，更需要听明白。许多下属往往混淆了这两个概念：听清楚和听明白。在他们看来，自己听清楚了，似乎就等于听明白了，其实这两者并不是一回事。听清楚，意思就是将领导所说的话一字不漏地听进耳朵里，他能清楚地听见对方在说什么，但具体意思却不明不白，其作用就好像复读机一样，他听得很清楚，清楚到可以复述领导所说的话，但其内容所表达的是什么意思，他却是一问三不知；听明白，实际上是建立在听清楚的基础之上的，只有你完完全全地听清楚了，才能够明白话语的真实含义，换句话说，也就是懂得了领导在话语中的工作指示是什么，具体的工作要求是什么等。现在我们应该明白听清楚和听明白完全是倾听的两个层次，前者是基础，后者是结果。对此，作为倾听者的下属，千万不要模糊了这两者的含义，明明只是听清楚了，却告诉领导说自己听明白了。

在现实工作中，每当有领导说话的时候，我们经常会见到这样的现象：下属坐在台下以认真的态度倾听，或许你会认为这是多么专注的神情，但如果你仔细观察，就会发现其脸上竟然挂着茫然的表情，好像自己置身于一个模糊的世界。这时如果领导询问下属："听清楚了吗？"大家一定会异口同声地回答说："听清楚了。"但若是再追问一句："听明白了吗？"估计回答的声音会很弱小。仅仅达到听清楚的境界，应该是这样的，我们或许都有这样的经验：当我们在倾听某人说话时，虽然大脑并没有想其他的任何事情，但就好像是空白记忆一样，对方所说的话进入我们的大脑，然后又像一阵风似的飘走了，我们所听到的只是简单的字词，但却漏掉了大脑"翻译"的这个环节。在倾听的过程中，我们漏掉了其中一个环节，因此，倾听还只停留在表面上。对此，作为下属，倾听领导说话，不仅需要听清楚，更需要听明白。

公司每天早上都有一个例行的早会，这让许多职员叫苦连天，自己还没睡醒呢，就要坐在办公室里开会了。因此，早上开会的作用似乎是很小的。

这天早上七点半，公司早会准时开始了。车间主任拿着笔记本走进了办公室，充满活力地朝着大家问好："早上好！打起精神来，新的一天又开始了。"几个下属虽然动了动身子，但却无力开口说话，好像还在与周公告别呢。车间主任开始说话了："上周，咱们公司产品出现了很多问题，虽然我一再强调你们在操作过程中注意点儿，谨慎点儿，但还是免不了会出错。我只希望大家能再坚持几天，因为很快公司会换一批全新的设备，而且是全自动的，到时候你们就可以松一口气了。但在这之前，你们还需要认真对待工作，尤其是在上班期间，不能有丝毫的懈怠，否则产品就会出现问题，我是负责将这些产品销售出去的，如果出现了问题，那谁还会买咱们的产品呢？"

话说到这里，车间主任发现下属小王正以一副茫然的表情看着自己，他不禁问道："小王，你听清楚我的话了吗？"小王回答说："听清楚了。"车间主任点点头，早会就到此结束了。岂料，当天下午小王就因为疏忽大意而造成产品不合格，还是在那间办公室，车间主任责问："早上你不是听清楚了吗？怎么，难道你一点儿都没听明白？"小王动了动嘴，不敢开口说话。

案例中，小王的表现就是典型的"听清楚了"，但并未听明白。但他自己觉得，自己听清楚了也就是听明白了，因此才造成了工作上的失误。很多时候，下属都有这样的经历：自己真的听清楚了，而且可以将领导说过的话重复一遍，但话语的深层含义，他却是想都没想过。之所以出现这样的现象，其实就是下属错把"听清楚了"当作"听明白了"。

在日常工作中，倾听领导说话时，我们不仅需要将领导的话一字不漏地听进耳朵里，还需要将这些话听进心里去，这样我们才能真正地明白领导所说的话的意思，否则，我们的倾听就仅仅是表面上的，而没有深入到心里，所以才会经常造成明明听清楚了领导所说的话，但在工作中还是会犯错。

要听懂领导的言外之意

作为下属，如果你想高效地完成工作，那就需要听透领导的话，听出话里的本意和真意。可能有的下属会认为，听领导说话是一件简单的事情，不就是"听"那么简单吗？其实，这样的想法太幼稚了，听领导说话，不仅仅是一个"听"的动作，而且还是一个技术活，那将意味着领导所说的话，并不仅仅是我们所听到的那样简单，可能是话里有话，话语中有更深层次的含义。当然，领导说话大部分是涉及工作方面的，有的则是牵涉下属的职场生涯或职业前途，因此，下属若是想有效地完成领导安排的工作，那就需要听透领导所说的话，领悟话语中的本意和真意，如此你才能受到领导的赏识和认可。

小宋刚刚进入这家公司，她平时就是一个很爱干净的人，每天一上班就先打扫办公室卫生，不过，她在工作中却经常因为粗心大意而犯下一些小错误。

有一次，领导看见她在扫地，就说：“一上班就打扫，挺有条理啊……”小宋听了很开心，以为这是领导在赞赏自己呢。可是，后来领导老是这样“夸”自己，她就觉得有点不对劲儿了。于是，她开始询问那些老同事：“领导这样说自己，到底是什么意思呢？”结果，同事的回答让她大吃一惊：“夸你总是扫地，而且还说挺有条理，这句话听起来似乎是夸奖，但如果你听透的话，就可以听出话里的真实含义了，领导的意思是说你除了打扫卫生，其他的能力都不怎么样，也就是说，让你不要把过多的精力花在打扫卫生这件事情上，而是花时间学习，这样工作能力才会有所提高。”听了同事的话，小宋仔细一琢磨，好像真的是这么一回事。

有人说：“职场如战场。”如果你读不透领导所说的话，那就很有可能处处受挫。在日常工作中，领导会经常根据我们的职场表现说一两句赞赏的话，若是心思简单的下属听了，定会兴高采烈，觉得领导终于称赞自己的工作能力了，但如果你仔细揣摩，会发现领导的话并不像想象中那么简单。比如领导会说“你沟通能力比较强”，这句话听起来像是称赞，但这句话的本意却是指“你经常在办公室里聊天”；领导说“你为人比较随和”，这句话听起来也像是夸奖，但其真意却是“你有随时被解雇的危险”。

小江在公司工作两年了，他很擅长听领导说话，特别令人称赞的是，他经常能够捕捉到领导话语间夹杂着的另外一层含义，也因为如此，在工作方面，他总是能够按照领导的心思完成工作，因而深得领导的赏识。

前不久，领导因为公事需要到外地出差半个月，临走时，领导对小江说：“我走之后，公司的事情就先交给你了，不管是大事还是小事，你都可以全权做主，我已经跟下属们交代清楚了，在这半个月，公司就听你的。”小江点点头，但就在领导走了之后没多久，公司有一个重要客户到访，小江并没有擅自做主，而是打电话向领导请示。在电话里，虽然领导热情地强调：“这些事情你可以自己拿主意嘛……”但语气里却透露着一种说不出的自豪感和优越感，从这次之后，领导更加信任小江了。

案例中，虽然领导在出差临走的时候，对下属小江说：“我走之后，公司的事情就先交给你了，你可以全权做主。”但其话语的真实含义却不是这样，一方面领导是在试探小江，看在自己走后，他是否真的决定自己拿主意，而不把自己这个领导放在眼里；另外一方面则是侧面告诉他，公司的事情还需要向自己请示。幸亏小江还有点儿听力劲儿，可以很明白地听懂领导的话，因此他才可以有效地完成工作，从而得到领导的赏识。

通常情况下，领导说话的方式都是比较含蓄而委婉的，因此，他们常常将自己内心的本意和真意隐藏在话语之中，等待着下属自己去发掘，如果下属仅仅只是领悟了话语本身的含义，那就很有可能误会领导的意思，从而造成工作中的失误。

听领导说话不能只听其表

在倾听领导说话的过程中，大多数下属容易犯一个错误就是——只听话语的表面。他们天真地以为，领导所表达的意思似乎就是表面上的意思，于是，他们就按照这样的意思去理解，然后落实到实际工作中，却不料领导所表达的是另外一种意思，结果导致自己不被领导重视和肯定，但他们却搞不清楚问题出在哪里。实际上，究其原因，就是他们听领导说话只听了表面，而忽视了话语深层的含义。在现实工作中，大多数领导者都是擅长说话的高手，更是玩文字游戏的老手，作为领导者，他们不可能很直白地将自己内心的东西展现出来，这会让他们失去领导者身份的神秘感。因此，他们总是将更深层次的含义隐藏在话语之中，以此让下属自己去揣摩，去领悟。

在现实工作中，下属倾听领导说话时，千万不能只听其表面，而应该善于挖掘话语背后的含义，如此才能真正听透领导内心的想法和观念，这样你才能有效地配合领导工作，从而成为领导身边最贴心的下属。领导说话时有一定的诀窍，他们更欣赏那些有听力劲儿的下属，也就是能够撇开话语表面所表达的意思，而致力于领悟话语更深层次的含义的人，因为话语深层次的含义才是领导真正的心声。而实际情况却是，许多下属只听懂了领导所说的话的表面意思，而且还沾沾自喜，觉得自己终于读懂了领导的心声，却浑然不知，自己已经会错了意，稍有不慎，就会惹来领导的不悦。

一位在公司工作了五年的职员讲述了自己的职场经历：

我在公司工作了一年之后，有一次领导找我谈话，他说："你最近的业绩做得很好，我觉得你可以担当更重要的职责，其实我一直很看好你，不过，你也知道最近行业很不景气，利润比去年下滑得还厉害，如果你以后做部门主管的话，面对这样的情况会不会考虑裁员呢？"听了这话，我愣了一下，但凭借着第一感觉回答说："我想我应该不会裁员的，因为很多同事跟我一起出生入死，我觉得在这个时候我不应该抛下他们不管。"听完了我的话，领导脸色有些变了。后来，我的同事升了部门主管。现在想起来，领导当时的意思是想裁员，但我的回答却只是凭感情用事，如果当时我能领悟到领导话语背后的含义，站在企业发展的角度去考虑，那估计升职的就会是我了。

这个教训给我的印象是深刻的，在以后的工作中，我倾听领导的话时会有更多的考虑，在不违背自己做人原则的基础上，我开始学着听领导话语背后的含义。有一次领导要去欧洲出差，在这之前他问我："你的英文水平和老外沟通没问题吧？"虽然我对自己的英文水平并不自信，但我领悟到了领导话语背后的意思，如果可以的话就能够得到跟他一起去欧洲的机会，于是，我回答说："没问题。"果然，我获得了这次机会，而我自己则回家恶补英文。

和领导在法国的时候，我们拜访了一些老客户，领导明显对其中一位客户的产品很感兴趣，但价格稍微有点高。这时领导用咨询的口气问我："你觉得这件产品怎么样？"我认为领导其实已经下定决心购买了，于是我回答说："很不错，值得购买。"果然，领导询问我的意见只是为了确认一下而已，我当然不会扫他的兴。最后，领导很高兴地与这家公司签约了。

回国之后，由于我听懂了领导的话语的深层含义，因此我很快坐上了主管的位置。

案例中，首次听领导说话，像大多数下属一样，这位下属只是听懂了表面的意思，于是，他完全按照自己内心的想法来回答领导的问题。后来他才发现，领导那看似无意的提问，其实所表达的意思就是"裁员"，而愚钝的他却没能察觉到话语背后的含义，于是，白白地错过了一次升职的机会。在后来的工作中，下属在不违背自己原则的基础之上，努力去揣摩领导话语里的深意，果不其然，他逐渐成为了领导的心腹，当然，升职加薪自然不在话下。

领导说话通常包含着两层意思，一是话语表面的意思，二是话语深层次的含义。但对许多下属来说，他们往往是读懂了前者，却忽视了后者，因此，屡屡在工作中犯错，即便在公司或企业工作了很长时间，也得不到领导的重用。所以，对下属来说，听领导说话不能只听其表面意思，而应该领悟话语深层次的意思。

先倾听，后发表意见

古希腊先哲苏格拉底说："上帝给了我们两只耳朵、一张嘴巴，其用意就是让我们少说多听。"这句话形象而深刻地说明了"听"比"说"更重要，"倾听"是下属应具备的素质，只有充分调动起耳朵，才能增强上下级之间的沟通与交流，也才能更了解领导心中的所思所想。倾听，还有一个重要的条件，那就是“听而后言”，听明白了之后再发言，这是一种尊重，更是一种艺术，因为倾听是需要耐心的。许多下属之所以给领导的印象很糟糕，就是因为他们没有耐心去做一个好听众，如果下属不善于倾听领导的心声，在领导还没说完就开始插话，或许在领导还没开始说话就开口发言，这会让领导怀疑你对他不尊重，从而心生不悦。而耐心地倾听领导说话，等待领导说完之后再发言，实际上是对领导的尊重，你付出了时间和精力，认真地听领导说话，这会让领导感到自己的价值，以及你对其说话的重视和感兴趣程度，他会对你心生感激，从而激发起他对你倾诉的欲望。所以，在工作中，下属在倾听领导说话时，要尽量做到“听而后言”，耐心倾听领导说话，了解了领导真实的想法后，再委婉地提出自己的想法和观念。

有一天，几个人怒气冲冲地闯进美国总统麦金莱的办公室，抗议他不久前出台的一项政策，为首的一个议员脾气很大，甚至用难听的话谩骂总统。而麦金莱一直表现得很平静，只是静静地倾听。等那些人都说得筋疲力尽了，他才温和地问：“现在你们觉得好些了吗？”

顿时，那些人不好意思地低下头，特别是那位为首的议员，觉得自己好像小丑一样。这时，总统才解释自己为什么要作出那项规定，而且为什么不能改变。那位议员虽然没完全听懂，但他心理上已经被说服了。他回去之后，对他的同伴说：“伙计们，我忘了总统说的是些什么了，不过我打赌他肯定是对的。”

虽然这个案例所讲述的是领导倾听下属的事情，但其道理是一样的。也就是说，如果我们能在听完领导说话之后再发言，那领导就会感到比较欣慰。即便他并不完全赞同我们的说法，但他心理上会接受我们所说的内容，这就是“先听后言”所达到的效果。

王姐是销售部经理，由于她平时说话和蔼可亲，因此不管是领导还是下属，都亲切地称呼她为“王姐”。这天王姐拿着一件掉色的衣服走进办公室，打算发发牢骚，但有两位下属总是打断她的话。王姐开口说：“我昨天才从商场买了这件衣服，本来打算洗了之后再穿，没想到竟然掉色，而且我的白色衬衣也染上了颜色，真是郁闷……”话还没说完，一位下属就插话说：“所有深色衣服一开始都会褪色，我的那件也是，真是一点儿办法也没有，尤其是这种在商场买的衣服。”另外一位下属也表示附和：“是啊，如果你拿去退货，估计营业员是不会拿好脸色来对你的。”

王姐脸色有点儿不悦，这时办公室里的小黄走了过来，她先是耐心地听了王姐的抱怨，一句话都没说，只是安静地倾听，等王姐把话说完之后，她才开始安慰：“王姐，没有必要为这种小事生气，据我所知，这种衣服在第一次洗的时候，都会有些掉色，但以后就不会了，我之前也买了同样一件衣服……”随着小黄的开导，王姐的脸色变得越来越温和。

伏尔泰曾说：“通往内心深处的路是耳朵。”在某些时候，倾听可以作为一种武器，通过倾听，可以传达、显示出自己内心的想法、观点、地位和修养，等等。作为下属，在日常工作中更需要发挥出倾听的作用，当领导在说话时，认真倾听，这不仅是对领导的一种尊重，而且还可以让领导愿意走进你，向你表达他们内心深处的想法。

在实际工作中，许多下属却常常犯这样一个错误——不愿倾听，最终导致上下级沟通出现了问题。于是，不会倾听的下属自然无法与领导进行畅通的沟通，从而会影响到自己的工作。对领导者来说，当自己在说话时，最忌讳下属插话，或直接打断自己的话，这会让他感觉到自己被侵犯了；相反，如果下属是在自己说完话之后才发言，那领导就会倍感欣慰。

第 13 章　灵活应对，给予领导最合适的回应

在倾听领导说话过程中，并不仅仅是单纯地“听”，更需要对领导所说的话作出灵巧的回应，给予领导最为适宜的回馈。之所以需要给予回应，一方面表示你正在认真地听领导说话；另一方面，倾听过程中的回应是领导内心渴望得到的，因此可以满足领导的内心期望。

不要让领导等，领导的话要及时回馈

倾听是构成有效沟通的必要部分，以求思想达成一致和感情上的通畅。而在倾听过程中，回馈则是必要的构成部分，这些反馈包括适当的眼神交流，适时提问等。当然，这些在倾听过程中所作出的回馈应该是及时的，而不是等领导说完了半天，你才给出一个反应，这时领导已经不那么在乎你的回馈了，自然而然你的回馈也是毫无任何价值的，甚至会让领导觉得你根本没认真倾听自己说话，从而心中对你产生一种不快之感。对此，作为下属，当你在倾听领导说话的时候，不管你给予什么样的回馈，都需要及时，如若大半天才反应过来，估计领导对你的反馈早已经不感兴趣了。

这天中午，主任饶有兴致地给大家讲了一个笑话，平日里主任是不善言谈的，正因为如此，可能在进行语言表达时缺少灵活性和形象性，等他把笑话讲完了，下属们却还是在那里面面相觑，似乎没听懂笑话的实质。顿时，那位主任有些讪讪地笑了，脸色有些尴尬。

过了一会儿，有位下属突然明白过来，哈哈大笑了起来，一边笑着一边说：“主任，你讲的笑话确实有点冷，我现在才想清楚。”主任回答说：“是吗？”

不过他的注意力好像并不在这件事情上，那位下属还想继续说下去，但看到主任的神色后，就识趣地闭上了嘴巴。

通常情况下，当我们饱含热情地说一件事或谈论一个人的时候，特别希望倾听者能够及时给予回应，从而让我们感觉不是一个人在唱独角戏。比如，你说完了一个笑话，却发现周围的人面面相觑，大半天也不笑，这时作为说话者的自己肯定会觉得百般无趣，即便是最后有的人反应过来了，干笑了两声，但你已经丧失了那种等待的心情，因而他们的反应对于你来说是可有可无的。其实，听领导说话也是一样的道理，下属的反馈一定得及时，所谓过期不候，否则你的反馈将无任何价值。

这天酒会上，王总喝了几杯酒，兴致勃勃地说起了自己当年创业的故事："那时我跟你们一样，刚刚大学毕业，不过，那时候大学生没现在这么多，所以我的优势还是有的。"这时坐在旁边的新来的职员小李回答说："是啊，那时候大学生的身份可金贵多了，哪像现在遍地都是，大学生根本没什么优势可言。"王总端起酒杯喝了两口，说道："就是，所以我那时候面临的机会很多，许多大公司都邀请我去上班，但是我都拒绝了，因为我想自己创业，正好我家里还有一些积蓄，于是，我邀请了几个大学同学，商量了几天，最后做出了一个方案，那时候还很年轻，做任何事情都带着疯狂的痕迹。"新职员小李笑着点点头，表示相当认同。

王总继续说："后来我们几个人一起南下，怀揣着希望，开始了我们的创业生涯，其实事情发展远远没有想象中那么顺利，跟你们现在一样，把这个社会想象得太美好了。对此，在最初我们也栽过跟头，摔过跤，但我们不服输……"小李时而微笑，时而随着王总所说的内容皱眉，几乎王总每说一句话，小李都会及时回馈信息。相应地，看到小李如此专注地听自己说话，王总更是越说越有兴致。

新来的职员小李所给予的及时回馈，表现在王总几乎每说一句话，他都会及时地给出回应，或是附和领导的观点，或是点头同意，或是微笑，或是皱眉以表示对当时的情况也很焦急。这样及时地反馈，会让说话者感觉到倾听者的认真以及期待，于是，说话者更有兴趣继续说下去，而彼此之间的距离也会越来越近。

在倾听过程中会有反馈效应，也就是向说话者反馈自己的尊重与关注，这会让说话者感到自己和自己的话在他人心里很重要，这在一定程度上起到了正性强化作用。心理学家通过大量研究发现，每个人都喜欢和尊重自己说话的人沟通。在倾听领导说话的过程中，及时地反馈会激励对方继续说下去，对说话者本身有着极大的鼓舞。

面带微笑，让领导乐于与你交谈

在倾听过程中若是面带微笑，那对于说话者本身会是巨大的鼓励。很多人都忽视了倾听表情中最重要的一个表情——微笑，倾听领导说话，保持自然微笑的表情，同时伴随着领导的说话内容相应地变化，不时地点头，表示赞同，那你就称得上是最善于倾听的下属了，自然而然，领导也会乐于与你交谈。微笑是人类最好看的表情，一个很明显的例子，如果你面对的是一位外国人，哪怕你根本听不懂他在说什么，但只要面带微笑，对方定会觉得你是最善于倾听的对象。假设我们是说话者，在我们面前有两个倾听的对象，一个是面无表情，另一个是面带微笑，我们更倾向于谁呢？显而易见，大多数人都会愿意与那位面带微笑的倾听者交谈。对于领导者来说，他们并没有特别奇怪的想法，他们也愿意与面带微笑的下属交谈。因此，在倾听领导说话时，我们要面带微笑，让对方乐于与我们交谈。

一位老师看到学生在日记中写着：“老师，我喜欢您的课，因为您总是面带微笑，不板着脸讲课，您的微笑让我感到您很亲切。”这位老师顿时感觉很吃惊，原来，他只是想让自己上课时心情愉悦一些，想不到得到微笑的学生竟然如此满足。这位老师感叹：为什么不尝试着用微笑去倾听学生的心灵呢？当领导在说话的时候，他或许只需要你友好的倾听态度，而并不关心你能听懂什么，微笑正是最合适的表情。一个真诚的微笑会让说话者意识到被重视、被赏识，从而便会感觉到无限的温暖，并愿意继续说下去，与此同时，领导心情也是保持愉悦的。

小泽发现同事雅莉总是能够与领导搞好关系，而且许多领导都喜欢找雅莉说话。小泽百思不得其解，论口才，雅莉并不如自己啊，为什么领导总是喜欢与她交谈呢？

在一次宴会上，小泽发现领导正在与雅莉说话，他仔细观察了一下，发现雅莉除了始终面带微笑之外，根本没说几句话，大多数的时间都是雅莉微笑地看着领导说话，而这时领导通常也会微笑着说话，两人的距离一下子就拉近了。

宴会结束后，小泽与雅莉闲聊了起来："刚才领导跟你说什么呢？"雅莉回答说："也没聊什么，就是聊了聊他去非洲旅游的事情。"小泽有些奇怪："我看大多数的时间都是他在说，但他却很乐于与你交谈呢。"雅莉笑了笑，说道："是的，我只是偶尔问一两句，其余的时间都是他在那里说，我只不过是微笑地听他说而已。"小泽恍然大悟："微笑？对，就是微笑，因为你总是面带微笑，所以不管是领导还是同事都愿意与你说话，因为你所展现出来的态度是友好的，令人温暖的，我说难怪领导都愿意与你交谈呢，原来是微笑的吸引力。"雅莉想了想，好像真的是这么一回事。

任何一个人都愿意与态度友好的人交谈，领导者也是一样，他们更愿意与那些面带微笑的下属交谈。在他们说话的时候，只要看到下属倾听时露出的笑容，即使他们知道下属可能并没听懂自己所说的话，但他们却愿意继续说下去，这就是微笑带来的魅力。相反，面对那些面无表情或冷若冰霜的倾听者，领导大概说几句话之后就不会再有继续说下去的欲望了，而且以后他也不会愿意与这样的下属交谈。

微笑是全世界共通的语言，微笑代表温暖，代表友好，更代表内心的一份热情。反之，若是冷若冰霜，若是面无表情，则会让人觉得你或许不愿意倾听，或者你厌烦倾听别人的话。因此，在倾听领导说话时，微笑就是最好的回馈，哪怕在整个倾听过程中，你不说一句话，但只要是面带微笑，就会给说话者带来莫大的鼓励，因此，他会愿意继续说下去，而且其话语中所表现出来的忧虑或悲伤，在微笑面前也会消减不少。换句话说，如果领导本身心情很差，但如果下属面带微笑地倾听其内心的烦恼，那么谈话结束之后，领导的心情会有所好转，这也是微笑倾听产生的作用。

听领导讲话要全神贯注

倾听是沟通的重要组成部分，这意味着倾听也有沟通的特点。任何倾听都与沟通一样，这是需要交谈双方共同努力的。许多人片面地认为“倾听”就是一种姿态，你只需要做出“听”的姿态，那么倾听就算是完成了。其实，倾听远远不是这样简单的事情。倾听，一方面是听对方说话，另一方面还需要做出“倾听”的态度。尤其是在倾听领导说话时，下属更应该注意自己的态度问题，必须保持神情专注、情绪饱满的态度。否则，漫不经心、情绪消极，是无法有效地倾听领导说话的，而且，如此的态度也会让领导者觉得自己不被尊重，不被重视，从而对下属会有一些不好的看法。

在倾听领导说话时，下属的身体应向前倾，这表示你对他的谈话很感兴趣。除此之外，脸上的表情要专注，认真倾听领导所说的每一个字、每一个词，还需要观察领导在说话时所表现出来的表情、动作等，以此才能准确地揣摩出领导话里的真意和本意。不仅如此，在倾听时还需要情绪饱满，保持一种积极的态度，那表示你很乐意听对方说话。在现实工作中，许多下属在倾听领导说话时总是一副无所谓的态度，漫不经心，摆出一副唯我独尊的姿态，这样领导心中就会生出不快之感，他会觉得你并不愿意听自己说话，那么他就可能会停下来，寻找另外愿意听自己说话的下属，这样一来，保持无所谓态度的下属就会丧失与领导接近的机会。因此，作为下属，在倾听时，应该高度集中精神，并且情绪饱满地听领导说话。

有一次，销售员小王与公司经理展开了有趣的交谈，一开始，那位经理就喋喋不休地谈论自己的儿子，他十分自豪地说："我的儿子要当医生了。"小王神情专注，惊叹道："是吗？那太棒了！"经理继续说："我的孩子很聪明吧，在他还是婴儿的时候，我就发现他相当聪明。"小王点点头，回应道："我想，他的成绩非常不错。"经理回答说："当然，他是他们班上最棒的。"小王笑了，问道："那他大学毕业打算干什么呢？"经理回答："他在国外学医，这孩子，我最喜欢他了……"话匣子一打开，经理就聊起了儿子在小时候、中学、大学的趣事。

第二天，当小王再次打电话给那位经理时，却被告知他已经决定在自己手中买车了，而经理的原因很简单，他说："当我提起我的儿子有多骄傲的时候，你是多么认真地听。"

神情专注、情绪饱满地倾听，使得小王赢得了一份订单，如此看来，"倾听"确实是一个讨人喜欢的行为。倾听是一种交流，更是一种亲近的态度，而专注的倾听更是能领略别样的风景，也只有情绪饱满地倾听才能真正地走进领导者的心里。

只有听懂了别人表达的意思的人才能沟通得更好，倾听是说话的前提，先听懂别人的意思，再表达出自己的想法和观点，才能更有效地沟通。当然，在倾听过程中，仅仅是听懂还不足以打动说话者，还需要表现出可以打动人的姿态，如专注的神情、饱满的情绪等，这样才能真正地与领导拉近彼此之间的距离。

布里德奇说："学会了如何倾听，你甚至能从谈吐笨拙的人那里得到收益。"倾听并不是没有任何意义的随声附和，一个优秀的倾听者可以从说话者那里获取大量的信息，从而赢得领导的关注。不过，倾听也是有技巧的，除了听之外，还需要保持认真的姿态，并且要适时重复对方话语中的字眼。

当然，倾听比说话更需要毅力和耐心，需要长时间保持专注的神情，以及高度的热情和积极性，这是有效倾听的关键，也是实现良好沟通的基础。假如你只顾埋头玩自己的手机，或者把头瞥向一边，这样无疑会打击领导者的积极性，自然他也就会觉得跟你交谈并不是一件令人愉快的事情。当然，要想做到聚精会神地倾听，你应该在与领导沟通之前做好充足的准备，比如身体、心理、态度以及情绪准备，疲惫的身体、无精打采的神态以及消极的情绪都会让倾听收效甚微。

言语之间表示钦佩，让领导有讲下去的欲望

每一个领导者都渴望自己被下属崇拜，尤其是在自己谈论某些事情的时候，更希望下属能以崇拜的眼神和姿态来仰视自己。其实，领导者这样的一种心态是无可厚非的，即便是一个普通人，如果有人崇拜自己，赞赏自己，那他也是相当享受这个过程的，更别说领导者这样的特殊身份了。领导者，顾名思义，也就是一人之下，万人之上，他就相当于是一群人的统帅，不管这群人是几个人，还是成千上万人，领导者所处的位置都在他们之上。当然，领导者能够处在这样一个位置，就意味着他非比常人，在他身上肯定有卓越、睿智的地方，那些特质就好像是与生俱来的优越，这会让领导者觉得自己与普通人是不一样的。正因为这样，领导者渴望自己被下属崇拜，被下属赞赏，当他们在谈论自己过去的一些什么丰功伟绩时，更希望得到下属的仰视与敬佩。因此，下属在倾听领导说话时，需要适时地迎合领导者的心理，流露出敬佩崇拜的神色，这样会让领导者更富激情地讲话。

或许，有的人会认为下属如此的行为有拍马屁之嫌，其实这是没有端正好自己的心态。在现实生活中，作为领导者，他们经常会提出一些高瞻远瞩的建议，或是针对某个问题提出自己的真知灼见，这是再正常不过的事情了。那对于下属来说，这些都是值得自己敬佩领导、崇拜领导的地方。当领导在进行诸如此类的讲话时，下属只需要将内心的一种情感通过表情表达出来，比如脸上露出敬佩的神情，那对于领导者来说就是莫大的欣慰。在这样被赞赏的氛围中，领导者会更加有热情地继续说下去。

总经理正在办公室安排工作，他说："我们目前的绩效考核程序设计得太复杂了，本来工作就比较忙，还要忙于填写那些表格，很麻烦，我建议通过信息化系统将这些东西固化下来，这样我们就不需要重复做一些无意义的工作了，从而可以有更多的时间做自己应该做的事情。如果能将我们目前的考核表整合到信息化系统里，我们就可以省很多力气。"下属们纷纷露出敬佩的表情，小王更是不断称赞："这样的方法真不错，我最近老是为这件事操心呢，现在听您这样一说，我顿时觉得轻松了不少。"

总经理满脸微笑，看到下属如此支持自己的工作，顿时显得很有激情，继续说道："我听说财务部的小王 EXCEL 用得非常好，可以进行大量的数据处理，我们部门也经常需要进行数据处理，我每次看到你们都是用最笨的方法，一个数字一个数字地弄，非常麻烦。我看，到时候直接让他们给我们做个培训，只要我们掌握了这个方法，就可以节省出许多时间，而且数据差错会比以前少很多。关于这个问题，我会与财务部商量一下，请他们给我们做个培训，并在具体工作中指导我们，这样，我们就不用每次开会都那么被动了。"

在工作安排中，尽管有时下属会提出一些建议或想法，但总体来说，最后工作计划的制订和安排还是由领导来定夺的，毕竟领导在部署这些计划时眼光是长远的、独到的，因而，在某些工作安排中，我们不得不承认领导决策的英明和睿智。虽然，在工作中，经常会出现领导赞扬下属的场景，但作为下属，对于领导某些方面的卓越，我们也要毫不吝啬地赞扬和肯定，这会让领导更有欲望和激情说下去。

领导者在说话时，他也会关注到下属的神情和姿态，是否专注，是否赞赏，是否敬佩，这些细微的表情和姿态都逃不过领导者的眼睛。对任何一个领导者来说，他们更愿意通过说话来展现出自己与众不同的卓越能力，比如，偶尔会向下属讲述自己过去的成绩，或者吹嘘当年的奋斗史等，这时他们更愿意看到下属对自己的崇拜之情。如果下属一副爱理不理的姿态，那他就没有继续说下去的欲望；反之，如果下属神情专注，十分赞赏、敬佩地看着自己，那他就有无限的激情说下去。

适当提出疑问，表示你对领导的话感兴趣

在倾听领导说话的过程中，如果只是敷衍而木讷地听领导讲述是不行的，还需要鼓励领导继续说下去。所以，在倾听的过程中要适时地提问，以引起领导的注意和说话的欲望。另外，一个人唱独角戏的滋味真的不好受，这会让领导觉得自己没有受到足够的尊重，而且，适时的提问其实也是一种反馈的行为。当领导在说某一件事情的时候，他不可能一鼓作气地说完，在中间会有适当停顿或休息的时间，其实这个空白就是留给倾听者作出回馈的。对于领导者说的话，下属肯定会有许多的疑惑或不解，不妨就以提问的方式回馈给领导，比如“后来怎么样了？”“当时可真够辛苦的，没想到你还是坚持了下来，是什么力量促使你支撑到现在的呢？”通过提问，领导会觉得原来你有在认真听他说话，另外，领导者会根据你的提问而作出相应的回答，从而更有了继续说下去的欲望和兴趣。

适当地提问能表现出你对领导的谈话很感兴趣，也会让领导更有兴趣地继续讲下去。在倾听领导说话的过程中，我们要善于把握提问的时间。通常情况

下，当领导者正在诉说事情的时候，不要以提问来打断对方，而应该等待合适的时机再进行提问，比如，领导在说完之后会有稍微的沉默，这就是最好的提问时机。当然，提问只是为了让领导继续说下去，因此，要以诚恳的态度提问，尤其是对于领导者，切忌以盘问、讽刺或者审问的态度来提问。比如，你说“你不是挺厉害吗？这次怎么失败了？”这样的问题和语气有点儿挑衅的味道，会引起领导心中不快的情绪。

公司年会上，酒过三巡后，王董事长又向别人讲起了自己的创业史，新来的同事小松并没有走开，反而把身子往前挪了挪，神情专注地听王董事长的光荣战绩：“想当年，我不过也才这般年纪，不怕吃苦不怕遭人白眼……”“您说得对，我们这一代就是缺乏不怕吃苦的精神，看来我得向您学习啊。”小松随声附和，接着问道：“听说，您当年那会儿，做销售特别难，您是怎么咬牙坚持下来的？”王董事长来了兴趣，回答说：“是啊，那会儿的人们哪像现在这样，有电视广告看，对于上门推销的人也很理解，那时候只要有人看着我提着袋子去敲门，他们就都会将门关得紧紧的，我连个问候都来不及说出口，别人就把我拒之门外了，那段时间真是艰难啊，产品卖不出去，我就只好东一餐西一顿，每天都是勉强不挨饿……”

小松点点头，问道：“您过去的这段经验真是宝贵，那您觉得对于我们现在这样的年轻人，在做销售的过程中，应该注意哪些问题呢？”王董事长越说越有激情：“你们啊，现在就是缺乏吃苦、学习的精神，千万别小看了你们身边的那些老同事，当时他们都是跟随着我打江山的人，在他们身上有许多值得你们学习的地方，我希望你们能发扬吃苦耐劳的精神，以及谦虚的学习态度……”

在小松的适时提问下，王董事长越说越起劲儿，因为他觉得自己所说的话有人愿意听，那么自己就有了继续说下去的欲望和兴趣。同时，倾听者不时向自己提问，那表示对方对自己说话的重视和支持，这也可以成为说话者继续说下去的动力之一。

在倾听领导说话时，下属要懂得适时提问。当然，在提问时不应该连续提问重复的问题。对同一个问题，一旦你问了两次或两次以上，领导就会觉得你不过是在敷衍他，并没有认真地听他讲话，对你的印象也会大打折扣。此外，提出问题之后应该保持安静，等待领导回答，如果这时候你自问自答或者抢答，领导会认为你并没有尊重他说话的权利。若领导的回答不够完整，要有耐心地听下去，也可以采用适当的语气继续追问。

适当回应，不要太夸张

全球知名成功学家戴尔·卡耐基说：“在生意场上，做一名好听众远比自己夸夸其谈有用得多。如果你对客户的话感兴趣，并且有急切的想听下去的愿望，那么订单通常会不请自来。”其实，不仅仅是在生意场上，在职场或官场也是同样的道理。当你专注地倾听领导说话，并适时给予一些回应，从而促使他像朋友一样与你促膝长谈时，你的职业生涯也就真正开始了。有时在职场中，前途并不是靠“说”出来的，而是靠“听”出来的。在倾听领导说话所给予的回应中，我们需要把握一定的分寸和礼仪，反应要适当，若是超过了一定的“度”，就会令领导心生不悦。任何一次沟通都是双向的，即便是倾听，也是双向的，这就意味着在倾听时需要作出及时、恰当的反应。这样的反应既需要适时表达自己的想法，同时也要避免喧宾夺主，切忌抢占领导说话的权利，而是适时做好一个倾听者的姿态。

小王平时很喜欢与领导打交道，尤其是听领导说话。有一次，他正在听领导说自己的儿子，本来气氛很融洽，可奇怪的是，正说到关键处，领导却借口走了。这让小王感到非常疑惑，冥思苦想不得要领。于是，他给朋友打电话，希望能从中问出端倪来。

没想到，朋友听了事情的经过之后，直言不讳地说：“本来领导说得很高兴，他高兴地跟你说他出色的小儿子考上了上海复旦大学，他们全家都感到非常骄傲，而你对他的话却置之不理，反而跟身边的同事津津有味地谈什么篮球赛。”小王恍然大悟，深刻地反省了自己，以此为戒，以后只要是在领导说话的时候，他都会表现出恰当的礼仪，并且专心地倾听领导说话。

领导本来想在下属面前炫耀一下考上复旦大学的儿子，却没有引起共鸣，情感没有得到满足，从而中断了谈话。这个案例告诉我们，当一名好听众也是很重要的，尤其是需要注意自身的礼仪。要向领导表示你真诚地对他所说的感兴趣，就需要表现出倾听者的礼仪，专注认真地倾听，这样领导才会愿意说下去。

在倾听领导说话的过程中，不要随意打断领导的话，这一点是相当重要的。随意打断领导的话会打击领导的热情和积极性，而且这也是一种不礼貌的行为。尤其是当领导情绪不佳的时候，打断他的讲话无疑是火上浇油。因此，在领导说话时，下属最好不要随意插话或接话，更不要不顾领导喜好更换话题。有时在倾听过程中，领导的某些观点可能会有失偏颇，也可能不符合你的口味，但是作为下属应该记住：领导毕竟是领导，即便是他不对，你也不能直接批评或反驳他的观点。

在倾听过程中，态度不够认真，比如自己玩手机，或跟身边的人聊天等，这都算是有失礼仪；如果抢过领导话题，自己开始大谈特谈，或者随意插话，直接反驳领导的观点等，这就是反应过度了。这样的一些行为都会让领导心生反感，因为感觉自己的讲话被无礼地打断了，从而感受不到下属的尊重。

第 14 章　把握尺度，与领导说话要谨慎开口

在日常工作中，与领导说话，还需要把握分寸，谨慎开口，尽量做到多听少说，避免在领导面前言多必失；准备充分，与领导说话不能想到哪里说哪里；在领导面前说话不能太随意，需要把握亲近尺度。

言多必失，少说话多做事

相传，墨子的学生曾经问墨子："话是说得多好，还是说得少好？"墨子说："你看田里的青蛙，整天叫个不停，却没有人理会它，而公鸡每天只在天快要亮的时候，才叫一两下，人们却都很注意它。可见，话不在说得多而在说得有用。"墨子的话给我们这样的启示：多听少说，避免言多必失。在日常工作中，与领导进行语言交流更需要如此，为了建立良好的交际关系，为了表达或交流思想感情，话不在多少，而在于你说得是否有用。多用耳朵听，少用嘴巴说，因为你说得越多，暴露的信息就越多，领导也就越容易看清你这个人。即便是需要说话的时候，有时候，一句话的效果也远远比一大串话的效果要好得多。特别是与领导说话，我们在开口之前，需要让自己的舌头在嘴里转几个圈，把那些多余的废话转掉，简单明了地说，让领导一听就懂。

在工作中，一个冷静的倾听者不但受人欢迎，而且会逐渐知道许多事情；而一个喋喋不休的人，像一只漏水的船，每个搭客都会纷纷逃离。俗话说："话多不如话少，话少不如话巧。"少说话固然有好处，但人既然处在职场或官场中，要与他人交流，就应该说话。若要说话，就应该掌握说话的技巧。在领导面前，尽量做到多听少说，一旦开口说话，就需要言之有礼，否则就应该少说。此外，要尽量说自己经验总结的感慨之话以及心灵深处的衷心之话。而对于那

些自己毫无把握的话不要说，言不由衷的话不要说，无中生有的话不要说，伤感情的话也不要说，粗言腐语更不要说。与领导进行语言交流时，若是一定需要说话，则要做到言简意赅，而不是夸夸其谈，滔滔不绝。

对下属来说，多听少说固然是美德，但是我们都身处在职场或官场中，尽可能少说却不能不说。既要说话，又要说得妙，说得准，这实在是一门艺术。在领导面前，最好能多倾听，少说话，但如果到了非说不可的时候，那就应该注意自己所说的内容、意义、措辞、声音和姿势，说该说的话，不该说的话一句都不要说，以免造成言多必失的后果。

与领导谈话之前做好充分准备

与领导说话，并不像与隔壁的三姑六婆说话那样简单、无拘无束，更不像拉家常，想到哪里说哪里。与领导说话，需要事前做好充分的准备，先说什么，后说什么，话题的重点是什么，需要注意哪些细节部分，这些问题都需要考虑清楚，而不能临时到了领导面前，想一出说一出。我们都知道，领导日理万机，平时的工作已经相当忙了，他只有在工作之余抽出时间来与下属交流，在这时下属就需要把握好时间，不能泛泛而谈，而需要提前做好准备。比如，你只能耽误领导十五分钟，那你在这个时间内到底阐述什么问题呢，能否完整地阐述呢？这些都是需要考虑的。相反，如果没有提前做好准备，到了那里东一句西一句，领导根本没听清楚你到底说的是什么，结果还白白地浪费了他的时间，这样一来，领导是很容易对你产生厌恶情绪的。所以，作为下属，在与领导说话时，一定要准备充分，千万不能想到哪里说哪里。

在现实工作中，我们经常看到一些说话毫无章法的下属，他们往往是临时想到了一句话就冲进领导办公室，张口就说：“领导，我觉得这件事……”结果，说了两三句话就忘记了下面该怎么说，忽而想到了另外一个问题，又开始说其他的问题，搞得领导自己也迷糊了：这位下属到底想说什么呢？对于下属这样的说话方式，领导者是极其反感的：一方面浪费了自己的时间；另外一方面也降低了工作的效率。

娜娜来公司一年多了，但工资一直不见长，而她觉得自己工作能力也不错，为什么领导总是不跟自己提加薪的事情呢？想了想，干脆自己主动向领导提出加薪。俗话说："知己知彼，百战不殆。"娜娜在与领导谈加薪之前，她做足了准备工作。她先搞清楚了行业内的基本情况，清楚地知道了自己"值"多少薪水，而且还了解了本公司的实际薪资情况，她想，在了解了公司工资发放的大致情况并合理评估了自己身价的情况后，就需要勇敢地维护自己的正当权益。

准备工作都做得差不多了，娜娜还需要考虑什么时候向领导提出加薪的要求。前些天，领导很忙碌，在为工作忙得头昏脑涨的时候，绝对不可以说加薪的事情，而应该选择领导心情轻松的时候。

这天领导有事请娜娜去办公室，正在娜娜疑惑的时候，领导竟然破天荒地表扬起娜娜来："你上次所写的论文发表了，而且荣获了一等奖，这是我们公司的集体荣誉，也是你个人的荣誉。"娜娜看着喜笑颜开的领导，心想：机会来了。娜娜半开玩笑地说："我很高兴我的工作能力被您认可，但如果这种认可能转换成银行卡上的数字，我会更高兴的……"由于准备充分，娜娜说话一点儿也不紧张，说完了这句话，满脸期待地看着领导。

领导假装咳嗽两声，接着说："我还以为是什么大事呢？就这个啊，行啊，没问题，你来咱们公司一年多了吧，其实我早就想跟你谈谈加薪的事情了，但一直以来没找到合适的机会……"当然，娜娜的这次加薪要求成功了。

在这个案例中，娜娜向领导提出的加薪要求最后被批准了，其实最重要的原因应该得益于她事前做好的充足准备。有条不紊地说话，再加上半认真半开玩笑的语气，这些都让领导无法拒绝。娜娜巧妙地抓住领导表扬自己的最佳时机，向领导提出加薪要求，在整个说话过程中，她只说到了"加薪"这一件事情，而没有说其他的，更不是想到哪里就说哪里。

通常下属想与领导进行面谈，那所谈论的肯定是一个问题或一件事情，在正式谈话没有开始之前，下属就应该思考谈话的方方面面，做好准备：这个问题或这件事情是什么，如何清楚而简洁地论述出来，自己想要表达的意见是什么，希望领导怎么做，或者是预想领导会给出什么样的意见等。做好了充分的准备，才能促进上下级谈话的顺利进行。

别把不会说话当耿直

与领导说话，需要真诚、坦率，不过也需要掌握分寸。在日常工作中，有不少的下属惧怕领导，看到领导恨不得绕道走，特别是当自己工作中犯了一些小错误之后，就更是害怕与领导交流了。其实，这就是不够真诚、坦率。不愿意与领导交流，将事情说清楚，反而将问题放在心里，这样会让自己承受巨大的压力，甚至是寝食难安。实际上，与领导说话，远不如想象中那么困难。下属只需要主动找到领导，真诚地和领导把事情说清楚，这样一来，一直在疑惑的领导反而会对你产生好感，他会觉得你是一个值得培养的下属。当然，在与领导说话的过程中，直率一点是可以的，但需要掌握分寸，有些话不能太过直接地说给领导听。

在工作中，有的领导为了维护自己的威严和威信，可能会不时生气，在下属面前要要威风，这也是人之常情。作为下属，应该对领导这样的行为表示理解，而不是看见领导就害怕，不敢与领导进行交流。大多数下属没有意识到与领导顺畅沟通的真正秘诀，那就是自信而不张扬，真诚而不过分直率，这是因为只有你与领导坦诚相待，才能让领导弄清楚你真正的想法，以此才能促进上下级之间的顺畅交流。此外，我们主张与领导说话不能过分直率，也就是不能在领导面前什么话都说，比如领导的某些缺点，有时候领导要求你指出其不足，其实这不过是客气话，但如果你真的很坦率地指出来，那就会让领导面子上很难堪。对此，直率也是需要掌握一定的分寸的。

肖翔是服装公司的业务经理，以前他每次向主管汇报工作方案并征求其意见时，主管领导总是让他自己去想办法解决。但是，肖翔的方案经常不是主管领导所想要的。更让肖翔感到烦恼的是，别的部门有了意见，主管领导却在会议上大声责怪自己的不是。后来，肖翔的几次工作计划提案都遭到了主管领导的拒绝和否定。在这段时间里，肖翔很苦恼，他真的不知道自己的领导到底在想什么，他感到无助和恐惧，觉得自己没办法与领导沟通了。

迫于无奈，肖翔决定与主管领导进行一次开诚布公的谈话。这天，他观察到主管领导心情比较好，于是，他敲开了领导的门，说道："我最近有一些思路要向主管汇报。"主管领导点点头，并招呼他坐下。肖翔深深地吸了一口气，对领导说："我很喜欢这份工作，也很热爱公司，而且很希望能够在领导的带领和支持下提高自己的能力，为领导多分担一些责任和义务。"主管领导面带微笑地看着他，肖翔继续说道："不过，最近发生了几件事情，让我感到很困惑，我有时候不知道您的真实想法，我真心地希望您能帮助我，并给我今后的工作方案之类的东西以更为明确的指示和指导。"这时主管领导已经明白了肖翔的意思，他回答说："你每次让我给你提建议时总是笼统地问这个计划行不行、那个问题怎么解决，由于我不在第一线，所以没办法给你具体的指导，因此只好叫你自己去找办法了。"

由于这次真诚地交流，最后终于将上下级之间的心结化解开了。

在案例中，由于这次真诚坦率的表达，以及主管领导的回应，肖翔明白了自己与领导沟通不畅的症结所在。当然，在这个过程中，是他真诚而直率的表达让领导了解了自己并打动了领导。或许，在这次谈话之后，肖翔之前郁积在心中的所有不快都会消失得无影无踪。

若是要问什么样的说话方式才能打动领导？那答案就是：真诚。作为下属，如果发现了与领导沟通存在着一些问题，就需要真诚地向领导说出来，当然，在这个过程中，如果你觉得领导在某些方面有不足的地方，这时不能太直率，而应该将更多的责任归结给自己，这是对领导面子很好的维护。自然，大部分领导都会看透其中的玄机，既然你那么坦率，领导也会真诚地与你展开交流，从而促进上下级之间的畅快交流。

别和领导透露自己的私事

领导，顾名思义，也就是工作上的领导，他既不是朋友，也不是亲人，而是因工作关系而形成的一种身份象征。对任何一个下属来说，在工作中应该公私分明，公事找领导说，私事找亲人朋友说，这才是正常的人际交往。然而在现实工作中，许多下属很容易混淆这种关系，有的下属很坦诚，坦诚到将自己的一些私事一股脑儿地透露给领导，事后还觉得自己是在向领导“交心”。孰料，通常是这样的举动，使得领导对自己唯恐避之不及。我们之所以主张不要和领导说自己的私事，很大部分原因在于职场并没有真正的朋友，即便是一直照顾你、支持你的领导也是不可靠的。即使领导者本身是可靠的，但如果你这样冒冒失失地将自己的一些私人事情告诉领导，会让领导有所感想：这个下属什么话都说，证明他并不是什么可靠的人。因此，无论从哪方面来说，下属将自己的私人事情告知领导都是不妥当的，都是有失分寸的。

老王所在的公司前不久重新调整了领导班子，由于老王是公司的老同事，又是业务上的尖子，因此公司领导的更替对他来说影响并不大。新领导到任之后，也经常找老王了解一些情况，老王经常抱着坦诚的态度与领导交换意见，将自己的看法、想法毫无保留地汇报给领导。

当然，在与领导接触的过程中，老王也注意说话的分寸，他只是简单地介绍了一些情况，业务上的，没有涉及领导的事情。即使有几次新领导问他对前任领导的看法，老王也没有细说，他知道说这些话是犯忌的。但既然有些公司的事情不能说，老王心想：那就说说我的私事吧，说不定能与领导拉近关系呢。于是，他跟领导说了自己这几年的情况，包括遇到的一些问题和苦恼，因为公司总有几个人对他心怀叵测，前任领导还在的时候就一直在背后使坏。老王觉得既然新领导已经来了，应该让他知道一下，否则，要是那几个同事先入为主，自己岂不是又要遭陷害？

不久，新领导进入了工作状态，开始点起了三把火中的头一把——走马换将。在许多人看来，包括老王自己都觉得他肯定能在副处长的位置上更上一层楼，顺利地荣升为处长。但最终的结果却让老王很失望，他不但没被提拔，反而连自己副处长的位置都未能保住。随着一纸任命，老王被调到了档案处当副处长，明眼人一看就知道，虽然同是副处长，但从主要业务处室的副处长平调到档案处当副处长，那就相当于被降级使用了。

面对这样的结果，老王百思不得其解，猛然想起自己曾将个人私事透露给了领导，难道是因为这个？

确实，老王的猜测是正确的，正是老王自以为是地将个人私事透露给领导，因此才造成领导对自己的不信任。即便老王的本意是想拉拢与领导之间的关系，但给领导的感觉却是：这个人不太可靠。结果好心办坏事，还害了自己。一个人的私事是工作以外的事情，这些事情自然是没有必要跟领导说的，就算是领导主动问起，作为下属，也应该三言两语就打发了，切忌把对方当朋友，一股儿脑地把个人私事透露给对方。

虽然，我们一直强调在工作中只谈论公事，因为你与领导、同事只有公事可谈，除了公事，几乎没有任何有交集的地方，但在现实工作中，不少下属还是容易犯下这样的错误：太相信领导，以至于将领导当成了朋友。这样的想法本身就是有失偏颇的，或许，他在工作中帮助过你，提携过你，但以此并不能把他与朋友等同起来。

朋友是可以彼此交心的，朋友之间是可以无话不说的，假设你与领导是朋友，你都已经将自己私人的事情透露出来了，那领导为什么不将私事告知于你呢？原因就在于，领导者始终是睿智的，他谨慎地保持着与下属之间不亲不疏的关系，一旦下属人为地打破了这样的关系，那后果将是不堪设想的。无论你所遇到的是哪种类型的领导，你的职场前途都将岌岌可危。

不要在领导面前说其他同事坏话

在日常工作中，作为下属，还需要注意的分寸是：不要随意与领导谈论同事的事情。即便是要说，也一定要说同事的好事，比如赞扬同事的工作能力，这样反而会让领导觉得你是一个人际关系处理得不错的人。反之，如果你在领导面前搬弄同事的是非，或无中生有地谈论同事的缺点和不足，那么你给领导留下的印象就是“小人”，因为你所做的行为是小人才有的动作，从而在以后的工作中，领导也不会愿意与你过多接触，更不愿意听你说那些乱七八糟的事情。在工作中，我们与同事、领导的亲疏距离是一样的，与同事是竞争关系，与领导是上下级关系，我们与同事都直接受领导管理。试想，在这样一种错综复杂的敏感关系中，你若是随意与领导谈论同事的某些事情，那就只会给自己的职场前途搬来一块绊脚石。

对于领导者来说，处于这样的身份，他看什么问题，做什么事情，都是高瞻远瞩的，有长远目光的。因此，对于手底下的下属，他们能够很好地看清楚每一个人，他的眼光比一般人更长远，更深刻。如果他真的需要了解同事的一些情况，聪明的领导都会自己观察，而不需要任何人在自己面前说，如果你一厢情愿地觉得在领导面前说同事的事情就是在向领导提供有用的信息，那你就大错特错了。通常来说，领导者并不欣赏那种在工作时间嚼舌根的下属，如果领导想知道某位同事的情况，并想通过你进行侧面了解，那他自然就会主动向你询问，但他一般不赞成你主动找他说同事的一些事情。作为下属，应该做好下属应该做的事情，说下属应该说的话，领导询问，你就实话实说；若领导没问，那下属也就没有必要主动开口说。

这天中午，小张去办公室向经理递交文件。就在经理正在看文件的时候，小张随口说了一句：“最近也不知道小李怎么了，工作老是没精神，今天早上竟然破天荒地迟到了。”经理头也不抬，应付道：“估计是他自己出什么事情了吧，调整调整情绪，应该很快就能恢复正常的。”

小张听了经理的话，并没有停止说话，而是越说越起劲儿：“也不知道出什么事情了？我听说好像是跟女朋友闹分手，其实我们一起工作一两年了，我也多多少少了解他跟他女朋友的情况，两人大学时好上了，但大学毕业后，现实问题就摆在了面前，房子、车子、钱，这些都是问题。小李跟我一起进的公司，那会儿跟他女朋友感情还很好呢，结果不到半年，就听说有个富二代在追他女朋友，刚开始，他女朋友坚定地拒绝了，可后来，兴许是被这个世界迷惑了，竟然决定要和小李分手，这不，小李这两天正痛苦着呢。”

经理已经看完了文件，签了字，但他有注意到小张所说的话，经理似笑非笑地看着小张：“看来你在办公室人缘不错嘛，同事的事情你都弄得一清二楚。”听到第一句话的小张还笑呵呵的，但听到第二句话，他就脸红了，这才意识到自己不该在领导面前说小李的这些事情，现在，领导算是对自己有看法了。

通常情况下，那些随意说同事的事情的下属，在领导面前，无非只有两个标签：说三道四、不可靠。如果你连自己的工作都没做好，就去说这些事情，那领导更有理由责怪你：“不好好工作，只会乱嚼舌头根子。”到时候，你就只会让领导心生厌恶。

所有关于同事的一切，不管是好事还是坏事，都不应该在领导面前随意说起，即便是领导问起来，作为下属，也不要多说，只需实话实说就行了。因为你所说的都是同事的事情，毕竟你不是同事本人，许多事情你也不清楚其中的内幕，在没有任何根据的情况下，你在领导面前去说这些话，会对自己很不利。一方面领导会觉得你不可靠；另一方面同事若是知道了，也会对你失去信任。这样一来，你自己就会陷入两难的境地。

不懂就不要妄加评论

下属在与领导沟通的过程中，需要掌握一定的分寸，在该说话时一定要说话，在不该说话时绝不开口，该沉默就要沉默，特别是领导在场的情况下，对某些问题或事情，不要妄加评论，因为即便你说了也是白说，而且假如你的意见与领导相悖，那就相当于当面给领导难堪，所以在这样的场合，要想做一个聪明的下属，就得懂得适时闭上自己的嘴巴。通常情况下，在领导面前发表评论是不明智的行为，除非你只是重复领导的意见。首先，在领导尚未开口的情况下，如果你擅自评论，那领导会觉得你没把他放在眼里。其次，在领导已经开口的情况下，如果你有相反的意见，比如领导都说了肯定的话，结果你却说不行，那岂不是当面与领导唱反调吗？最后，在没有得到领导允许的情况下，无论领导是否已经发表意见，下属妄加评论都是不恰当的。从多方面来看，在领导面前妄加评论的最后结果都是难堪。

做任何事情都一样，说话也是需要把握时机和场合的。该说话时说话，不该说话时就一定不要多说，即便说了也没用，反而还会令人生厌。沉默有时候比说话更有分量，它会让领导觉得你是一个说话有分寸、可靠的人。如果你不分场合，哪怕领导在场，也妄自发表一些评论或观点，那领导会觉得你是一个没有分寸、容易乱开腔的人。对此，下属一定要牢记：若是有领导在的场合，最好保持沉默，除非领导主动要求你说说意见，否则，沉默才是你最好的选择。

有一次，小李跟着领导去法国拜见老客户，当客户拿出自己的产品时，没怎么见过大场面的小李眼睛都直了，领导还没开口，小李就直称赞：“这产品真漂亮，是我见过的最漂亮的东西，这个东西一定很贵吧。”客户用生硬的中文回答说：“不贵，只需要人民币五百元。”旁边的领导脸色有点凝重，似乎觉得价格贵了，但小李没注意到领导的脸色，而是开口就说：“我觉得价格还可以接受，我原以为需要一千元人民币呢，原来这样便宜啊，张经理，你觉得呢？”兴奋的小李没意识到自己下属的身份，反而用领导的口吻来询问张经理的看法。这时，领导的脸色已经变了。

后来，张经理有许多公干的机会，但他都找了其他的下属一同前去，因为在他看来，小李是一个说话不注意分寸的人。这样的下属在自己身边会给自己带来一些麻烦，或者直接让自己失去面子。

在案例中，对客户拿出的产品，经理还没有发表任何高见，迫不及待的小李就赞叹起来了。然后，开始询问价格，当客户说出产品的价格后，领导的脸色表示他认为这样的价格有点偏贵，但小李却擅自做主地表示：“这个价格可以接受。”完全忽视了领导的身份，而把自己当成了主角，也难怪后面经理不会再找他一起去公干了。

在工作中，有时候领导会对着你说一些其他下属的问题，这时同作为下属，也不要妄加评论，至少在领导需要你开口之前要保持沉默。如果由于你与那位同事曾经有矛盾或冲突，从而妄自评论，那么你就会在领导脑海中留下这样的印象：这个人背景很复杂，因为你的对立面很多；这个人不太会处理关系，不是很合群；这个人品质不太好，因为你企图利用领导来肃清你的对立面。所以，该沉默就沉默，不要多说一句话。

在与领导沟通的过程中，需要多听少说，尽量保持沉默，这样反而会让领导觉得你是一个善于言辞的下属。反之，你说话太多，该说不该说的都说了，甚至当着领导的面，妄自发表意见，结果驳了领导的面子，那他就会认为你沟通能力有问题。当然，有些下属并不知道自己什么时候该说，什么时候该沉默。如果你实在不知道，那就遵循一个原则：领导要求才开口，此外，多余的话一句也不要说。

第 15 章　理解信任，每天都是热恋期

一直以来，爱情都是人类得到的最美好的馈赠，在爱情的长河中，无数的男男女女徜徉其中，尽情享受爱情的美妙滋味。然而，在感受爱情美好的同时，他们也有无尽的烦恼。或者是因为所爱的人不爱自己，或者是因为爱自己的人不是自己的所爱。即便两情相悦，他们也会有很多的烦恼，毕竟男人来自金星，女人来自火星，要让这两种来自不同星球的人类相互包容、理解，的确是个很大的难题。在爱情之中，我们同样需要拥有高情商，才能两情相悦，也才能给爱情保鲜。

了解彼此，找到对方的底线

很多人都抱怨自己一直找不到心灵相通的爱人，也找不到让自己满意和欢喜的爱人，这是为什么呢？难道在爱情面前不是人人平等吗？难道爱情不是对每个人都一视同仁吗？其实，要想得到使自己满心欢喜、心满意足的爱情，也很简单。首先，我们要了解自身的感情诉求，扪心自问：我想要找到怎样的爱人？我对我的爱人有何需求？我希望我的爱情是怎样的？其次，我们还要了解对方的情感诉求，内容也同上。毋庸置疑，唯有当你的需求与对方的需求相吻合时，你与对方的相处才会和谐融洽，你们才能产生心有灵犀一点通的感觉，你们也才会更加珍惜和珍视彼此。举个简单的例子，如果一个男人喜欢追求刺激和冒险，但是找到的爱人却只喜欢宅在家里，享受生活的宁静和安详，那么他们之间必然缺乏共同语言，也会因为思想和行动上完全不合拍而导致互相漠视，从而彼此之间的关系渐行渐远。反之也是如此，假如一个女人只追求金钱

和物质上的享受，而不喜欢柏拉图式的爱情，那么她只适合找个富豪在一起，而根本不适合与注重精神恋爱的男性长期交往。

生活中，人们常说一个萝卜一个坑，意思就是说每个人都应该找到最适合自己的人生伴侣。否则，一旦人生观、价值观等不同，即便勉强在一起，为了恋爱而恋爱，最终也会貌合神离，导致爱情半途而废，甚至造成人们终生的痛苦不安。

自从结婚之后，露娜就觉得自己像搁浅岸边的鱼儿一样，越来越没有自由呼吸的空间。比如，有天晚上露娜和闺蜜相约一起去吃小龙虾，刚吃到一半，也就八点多吧，露娜老公林峰就把电话打来了："宝贝，你在哪儿呢？快点儿回家吧！"当着闺蜜的面，露娜只有搪塞："亲爱的，我们正吃着呢，你乖乖在家哈，我不用你接，现在天也不晚。"挂断电话之后，没过半个小时，林峰的电话又打来了，虽然林峰努力压抑着心中的焦急，但露娜却不耐烦起来，接电话之后说了句"别烦"，然后就直接挂断了电话。露娜没想到，这才仅仅是开始，等到她回家之后，林峰更是追问她和谁聚会，有没有男的等种种无聊的问题。露娜忍无可忍，最终和李峰吵了起来。

有一次，露娜和同事们一起去青岛出差，因为担心露娜红杏出墙，林峰居然在没有告诉露娜的情况下，也来到了青岛，还住在了露娜和同事们入住的酒店。就这样，原本计划和同事们一起去看青岛夜景听海浪声的露娜不得不陪着林峰，结果被要好的同事狠狠地笑话了一通。为此，露娜和林峰又是一番唇枪舌战。后来，露娜实在无奈，只得给林峰下了最后通牒：虽然我嫁给了你，但是我依然需要有自己的空间，假如你总是这样咄咄逼人，我只能选择彻底自由。林峰痛定思痛，也意识到或许还是需要给露娜空间的，因而极力收敛自己，这样才最终维持了和露娜之间良好的关系，获得了婚姻的幸福。

如果林峰不作出让步，那么原本和露娜感情很好的他，一定会因为对露娜亦步亦趋而导致露娜最终离他而去。所谓生命诚可贵，爱情价更高，若为自由故，两者皆可抛。尽管我们都追求美好的爱情，但是自由对于每个人而言都是不可失去的。即便两情相悦，彼此也依然需要一定的空间和自由，幸亏露娜与林峰及时沟通，才避免了婚姻关系的进一步恶化。

不管是爱情还是婚姻，都要以彼此尊重、相互平等为基础。倘若爱情变成了自私的占有，那么爱情的魅力也会消失殆尽。毕竟，很少有人会愿意为了爱情而失去自由，只有自由的人生才能更加畅意。朋友们，要想与爱人水乳交融，就要从现在开始努力读懂爱人的情感需求，也通过可以多多与爱人沟通，了解爱人的情感诉求。凡事只有有的放矢，才能事半功倍。

学会解读对方的肢体语言

在人与人交往的过程中，除了借助于语言进行交流和沟通之外，面部微妙的表情、无意识的肢体动作，也都是语言的另一种形式。尤其是在语言无法明确表达出来的情况下，我们更要捕捉他人的这种微妙语言，从而深度解读他人的心意。不仅普通的人际关系如此，爱人之间的相处也同样如此。而且因为爱人之间的关系相较普通的人际关系更加亲密无间，还有一些肢体接触，因而爱人之间的肢体语言往往更加丰富且微妙，我们必须非常用心观察，才能准确洞察爱人的心思。

在彼此相互爱慕却没有明确挑明心意的情况下，人们的肢体语言会有不自觉的倾向性，比如，看似无意的指尖触碰，漫不经心地拍拍打打，这些都能表明当事人的好感，从而帮助我们揣度当事人的心思；再如，假如彼此已经情投意合了，那么对方的欢喜你自然能够看出来，但有的时候对方却也因为不好意思或者羞涩，无法明确表达自己的心意，这时也可以从对方嗔怪的神情中读懂对方的心思，或者对方还会非常埋怨地推搡你，实际上却是好感的表示。总而言之，爱人之间的肢体语言是非常丰富且细致入微的，我们唯有用心，才能准确解读爱人的心思，也才能使得彼此的关系更加推进一步。

第一次带平平回家，小风是很紧张的。因为平平并不是普通的女孩子，而是大城市里富贵人家的娇娇女，小风的家却在农村，且家境贫寒，因而小风很担心平平会因此而不高兴。没想到，去到农村的准婆家之后，平平一改大小姐娇气的作风，居然还主动给小风妈妈打下手。当天晚上，小风妈妈拿出了当年小风奶奶给她的传家宝——一对古朴的金镯子，想要送给平平。原本小风担心平平不会把这对镯子看在眼里，没想到当看到镯子且细细把玩之后，平平又不舍地把镯子还给准婆婆，说："阿姨，这么贵重的东西，您还是自己留着吧，我不能接受，实在是太贵重了。"看到平平忸怩的样子，小风就知道平平肯定是喜欢的，因而从妈妈面前的桌子上拿起镯子，给平平戴上，说："妈妈给儿媳妇的，你就拿着吧，戴上可就跑不了啦！"平平笑靥如花，对准婆婆千恩万谢。

事后，小风问平平："平平，你难道真的喜欢那对镯子吗？你有很多铂金的镯子啊，样式也比这个新颖得多。"平平撒娇地说："当然。这对镯子虽然不时尚，但是却有着同寻常的意义。你妈妈把它送给我，就说明她认可和接受我了。我相信，我会成为她的好儿媳的。"听了平平入情入理的话，小风激动地把平平拥抱在怀里，喃喃自语："遇到你是我的幸运！"

在这个事例中，小风看出来平平是真心想要接受镯子的，因而没有顺着平平的话推辞妈妈的礼物，而是亲手为平平戴上了传家之宝。虽然平平与他还未结婚，但是这恰恰意味着平平已经接受了婆婆，也得到了婆婆的认可和宠爱，可谓皆大欢喜。

彼此真心相爱且心意相通的爱人之间，哪怕是通过一个微小的眼神，也能够深深读懂对方的意思。这样的感觉无法用语言来形容，也是不言而喻的。朋友们，让我们也更加细致入微地观察爱人，了解爱人的心思吧。当有一天你们不再需要凡事都说出口时，你们之间的爱情就达到了最佳的火候。

如何化解婚姻危机

正如没有人的人生会一帆风顺一样，也没有人的婚姻生活会是一帆风顺、波澜不惊的。即便是感情再好的夫妻，相处的过程中也难免会有各种危机不期而至，突如其来，使人措手不及。在婚姻生活中遇到危机的时候，快刀斩乱麻显然是行不通的，因为感情总是千丝万缕，丝丝入扣，很难让人们挥剑斩情丝。大多数时候，人们沉迷于感情纠葛之中，无法自拔。然而，即便再怎么劳累，也依然要努力化解婚姻危机。婚姻，就像是我们的孩子一样，尽管不尽完美，却也渗透了我们的很多心血在其中。对于婚姻生活，即便不尽如人意，也依然要努力修补和完善。否则，如果遇到一点点小问题就放弃婚姻，只怕一生之中再也无缘觅得美好的姻缘。

毋庸置疑，夫妻双方的尊重、理解和包容，是让婚姻生活更加顺遂如意的良方。尽管这六个字说起来轻飘飘的，但是做起来却很难。首先，相互尊重就需要用极强的毅力去维持，因为婚姻并非是等价交换或者买卖，在爱情的驱使下，人们总是忽视那些不平等的条件，以为有爱情就能战胜一切是非恶俗的观念。而一旦进入婚姻生活，随着爱情渐渐褪色，这些因素难免会浮出水面，给予人们更多的感悟，也使人们如同大梦初醒，恍然见到那些早已存在却因被爱情蒙蔽双眼而忽略的一切。在这种情况下，只有发自内心地尊重对方，才能让婚姻关系进入良性循环的轨道。其次是理解。说起理解，每个人都似乎有一肚子的大道理，诸如设身处地地为对方着想，任何时候都把对方的需求放在第一位等，都是堂而皇之的。遗憾的是，生活并非因为这些堂而皇之的借口和理由就不与人们计较，它还是会时不时地捉弄人们，让平凡的夫妻在琐碎的日子里因为各种各样的原因发生纠葛，甚至导致误解渐深。这是因为所有人都会本能地从自己的角度出发考虑问题，这一点永远也无法避免。最后，婚姻生活中最难的还是包容对方。试想，你明明知道对方是错的，却不得不容忍对方的缺点，包容他有意无意犯下的错误，如果没有博大的胸怀和如同海水般深沉的爱，就很难做到。总而言之，任何夫妻在婚姻生活中都要遵守相守之道，唯有更好地理解、宽容和体谅对方，我们才能拥有幸福和谐的婚姻生活。

此外，信任也是夫妻之间不可缺少的润滑剂。倘若没有信任，只怕人世间所有的夫妻都无法顺利过完一生，更有很多夫妻不得不在猜忌中结束婚姻。因而，我们必须意识到婚姻不是囚牢，我们每个人都必须信任爱人，才能让夫妻生活风平浪静，即便有暗礁，也能化解于无形。

夫妻之间，从原本的全然陌生到相识、相知、相恋，一定是有缘分的。常言道，百年修得同船渡，千年修得共枕眠。夫妻之间的缘分之深，由此可见一斑。为此，不管是作为丈夫还是作为妻子，我们一定要非常信任生命的伴侣——我们的另一半。唯有如此，原本就需要经历很多坎坷的夫妻生活，才能顺利渡过各种危机。当然，要想做到这一点，是离不开高情商的。从现在开始，就让我们努力提高自身情商，也尽量拥有幸福美好的生活吧！

别让无关痛痒的小事影响感情

常言道，牙齿还会咬到舌头呢，更何况是夫妻之间呢！众所周知，牙齿与舌头唇齿相依，谁离开了谁也不行，正如夫妻之间公不离婆，秤不离砣，当然这指的是情分在的情况下。夫妻之间的情分说起来也可如同大海一般深，但是一旦情分破裂，缘分耗尽，很有可能顷刻间就变成陌生人。在这种情况下，我们每个人都要用心维持夫妻关系，维护夫妻感情。爱情，既可以说是这个世界上最牢不可破的感情，有时候甚至能够超越生死，也可以说是这个世界上最脆弱的感情，常常一不小心就变成碎片。

夫妻生活是非常琐碎的，两个原本完全陌生的人在同一个屋檐底下生活，难免会发生各种争执。这些都是不可避免的，除了坦然面对之外，别无他法。任何幸福完美的婚姻，都曾经有过暗流涌动，也曾经遭遇过惊险万分的暗礁，但都是因为妥善处理，及时修复，才能保证婚姻之船顺利地航行在人生的大海上。需要注意的是，夫妻之间无小事，很多夫妻原本感情深厚，爱得死去活来，却在漫长的婚姻生活中导致感情渐渐被消耗殆尽。究其原因，就是因为他们忽略了婚姻生活中的很多小问题，以为那些都是不值一提的，但最终却导致幸福受到影响，甚至为此与幸福失之交臂。这一点，不但现实生活中屡见不鲜，影视剧中也经常出现这样的桥段。无数的甜蜜夫妻因为一个小小的误会，导致发生蝴蝶效应，产生连锁反应，最终反目成仇，变成陌生人。由此可见，夫妻生活无小事，即便是小小的问题也不要轻易放过，否则就可能会成为影响幸福生活的大问题。

作为一对“90 后”夫妻，自从结婚之后，豆豆和邵岩之间就有了无穷无尽的烦恼。原本他们各自住在宿舍里，每天只需要处理好自己的生活，偶尔约会也会感到甜蜜幸福。现在呢，他们虽然有了共同的家，但是很多问题也随之而来。诸如，豆豆不喜欢做家务，即便已经嫁作人妇，也依然像在宿舍里一样随意。为此，他们新婚燕尔的家整日乱糟糟的，甚至还不如宿舍呢，最起码宿舍里还有人轮流值日。豆豆还不愿意做饭，她始终认为做饭会使她皮肤暗黄，为此他们结婚半年多来除了中午在单位食堂解决午饭，其他两顿都是出去下馆子。长此以往，婆婆不愿意了。记得有一次婆婆前来他们的小家突击检查，发现五百多升的冰箱里除了几盒牛奶，几乎空无一物，不由得很生气地说：“谁家媳妇不会做饭呢，要是连做饭都不会，先别说伺候老公了，以后如何养育孩子啊！”豆豆不以为然地说：“现在也没人规定必须由女人做饭，很多疼爱媳妇的男人都会主动做饭，而不愿意看到自己的如花娇妻被油烟熏成黄脸婆。”婆婆简直无话可说，只得愤然说道：“鞋子合脚不合脚只有脚知道，不合脚的鞋子早晚会被淘汰的。”在婆婆几次三番地数落下，邵岩也开始抱怨豆豆从不做饭，更不做家务，弄得家不像家。不想，豆豆这个女权主义者也不甘示弱，每次都为此和邵岩争执不休。如此一年多过去了，夫妻俩之间的甜蜜消失得无影无踪，他们每天都为谁做家务这样的小问题而斗嘴、争执，没完没了。

在这个事例中，豆豆和邵岩对于家庭生活的烦恼都负有责任。毋庸置疑，当两个人结合为一个整体，作为这个社会的一个单元面对生活时，自然有了可以相互依靠的人，但是与此同时，生活的重担也加倍了。别的且不说，仅就维持一个家的日常家务事，就足以两个人忙碌操持了。他们彼此抱怨毫无作用，因为那并不能使家务活减少一分一毫。与其抱怨伤感情，不如彼此协调和分配好，相互配合完成家务事，共同为家庭的美好与和谐贡献力量。

一旦步入婚姻的殿堂，再美好的爱情也会落到柴米油盐酱醋茶之中，充满市井气息和油盐味道。一对夫妻要想经营好家庭，必须互相包容和体谅，也要多多为对方着想，否则一味地推三阻四，谁也不愿意做家务事，最终只会导致两个人的家庭如同一盘散沙，更别提有了孩子之后家务事成倍增多了。婚姻无小事，要想让婚姻生活更加和谐美好，每个人都必须在婚姻之中多多用心，精心经营。

夫妻和睦相处是门学问

现代社会中很多夫妻都把婚姻生活变成了战场，每个人都守着自己的利益寸步不让，导致原本应该甜蜜幸福的夫妻关系也因此变得剑拔弩张，战争一触即发，而全然忘记了夫妻相处的基本原则和首要技巧，那就是适时让步。不可否认，尽管现代社会的离婚率不断增大，这个世界上依然有很多模范夫妻，他们相敬如宾，举案齐眉，偶尔也歇斯底里，大吵一通，发泄对对方的不满，但是这并不影响他们的感情。究其原因，就是因为他们深谙夫妻相处之道，也懂得适时让步的道理。

夫妻之间是不会有深仇大恨的，通常导致夫妻关系恶化的，都是那些日常生活中的琐碎小事。诸如现在的很多“90 后”夫妻，他们自己原本就是还未成熟的孩子，也根本无法挑起婚姻生活的重担，他们彼此之间争吵很多时候都是为了谁做家务。这听起来未免有些好笑，但是现状的确如此。也许有些深谙夫妻之道的人会说，谁做家务还不一样呢，谁有时间谁做呗，总不能把家务留着给那个深夜才回家的人吧。不得不说，这样的老夫妻已经渐入佳境了，对于很多刚刚步入婚姻生活的小夫妻而言，家务活的分配是一个无法回避的严肃问题，甚至还有些小夫妻为此吵架无数，也制定了家庭方针，却依然整日为此喋喋不休。倘若连最基本的家务活都无法协调，那么夫妻生活的前景也的确堪忧。其实，夫妻之间携手一生，又何止仅仅需要面对家务活呢？很多时候，生命中的灾难和打击会突如其来，让人措手不及，如果没有深厚的感情基础和超强的抗压能力，只怕夫妻真的会如俗语所说的那样，“夫妻本是同林鸟，大难临头各自飞”。

纵观无数前辈的幸福婚姻，很难发现从未吵过架的夫妻，大多数夫妻都是吵吵闹闹过来的。正如俗话说的，不打不闹不到头。很多时候，适当的争吵反而是夫妻间感情的润滑剂，吵架之后夫妻感情非但不会减弱，反而有所加深。但是实现这一点的前提是，夫妻都深谙相处之道，都能在适当的时候做出让步，给对方留足面子，让对方感受到自己的尊重和爱。任何感情都是相互的，你付出了什么也必然会收获什么，牢记这一点，我们的适时让步也就水到渠成了。

最近，林倩一直计划着去娘家过春节。的确，自从结婚之后，林倩已经连续三年在婆婆家里过春节了，都没有好好陪伴过自己的父母。林倩是独生女，父母只有她这一个女儿，因而当听到林倩说要回家过春节时，父母简直乐得合不拢嘴。然而，眼看着还有半个月就要过春节了，林倩的老公边城突然说：“老婆，今年是我爷爷的八十大寿，他也想重孙子了，咱们还是回我家过春节吧。”林倩马上变了脸色，说：“结婚三年来都是在你家过春节，今年我已经和爸妈说好了，如果突然改变计划，岂不是让他们整个春节都郁郁寡欢。”看到林倩严肃冷峻的表情，边城也意识到的确有些问题，因而他马上说："也是，对不起，老婆，我考虑得不够周到。要不这样行不行，爷爷的大寿是腊月二十六。我可以休年假，咱们腊月二十二动身去我家，然后等到腊月二十六爷爷过完大寿，咱们马上从东北搭乘飞机回四川，好好陪你爸妈过个春节，如何？"尽管觉得这样有些太折腾，但是看到边城这个大男子主义者已然做出让步，因此林倩马上就答应了，还笑着说："嗯嗯，就是辛苦老公了，到时候让你的老丈人丈母娘好好给你做些好吃的，补一补哈！"

就这样，横亘在很多两家相距遥远的夫妻之间的过春节问题，在边城的适当让步中得到了圆满解决。记得曾经在某社区论坛看到，很多家分两地的夫妻，每到春节就会争执不休，每个人都想回自己家过年，最终闹得整个春节都不愉快。其实，家家的老人都盼望儿女能够在春节时回到自己身边团圆，我们既要考虑到自己父母的需要，也要考虑到对方父母的需要，只有双方父母都兼顾到，才能圆满解决问题，也才不至于影响夫妻感情。

当遇到看似不可调和的问题时，作为高情商者，一定会首先做出让步，从而换取对方的让步。如此一来，双方都是心甘情愿的，可谓皆大欢喜。

以轻松的心态面对婚姻中的小摩擦

在婚姻中，谁都希望与爱人相亲相爱、相敬如宾，这无可厚非，但如果你希望在婚姻中完全避免争吵，那是不可能的。人们常说，牙齿和舌头都会打架，更何况朝夕相处的夫妻。一旦结婚后，缺点比优点更容易暴露出来，彼此也不会情人眼里出西施了。

事实上，在家庭中，夫妻吵架是常见的。但在人们的印象中，吵架是一种有伤感情的攻击行为。"大吵三六九，小吵天天有"的夫妻，当然不是好夫妻。

但从不吵架的夫妻就是恩爱夫妻吗？当然不是！没有争吵的感情才是真正可怕的。夫妻的二人世界中，争吵在所难免，夫妻意见不合，发生分歧后很容易发生争吵，而如果不懂得争吵的秘密，使其变为恶性争吵，那么就会伤害夫妻之间的情感，坦诚地争吵则是一种健康的沟通方式，能够增进夫妻间的感情！当然，把握好争吵的度，是婚姻中的一门艺术，需要我们细细研读，把握这门艺术，即使争吵，也能加深你们之间的感情！

然而，现实生活中，很多女性一旦和爱人吵架，就把离婚挂在嘴边，因为她们认为，这与她们内心所想象的婚姻是不一样的。而实际上，这只是你的心态问题。看那些幸福美满的婚姻，夫妻双方不也都是三天一小吵、五天一大吵吗？

小雅和丈夫结婚已经满三个月了。她和丈夫是相亲认识的，谈恋爱的时候，她对这个男人实在太中意了，他潇洒大方、事业成功、家境殷实，以至于他在向小雅求婚时，小雅想都没想就答应了。但婚后，小雅发现，原来婚姻并没有她想象中的那么幸福，她一下子就由一个美丽的女人变成了整天和锅碗瓢盆打交道的妇女，每天都要面对丈夫的臭袜子，最可恨的是，丈夫是个大男子主义者，他希望小雅什么都听他的，这哪里是小雅的风格？于是，吵架开始了，一气之下，小雅带着怨气回了娘家。

椅子还没坐热，小雅就一股脑儿地把自己的委屈都说了出来。母亲一直很宠小雅，就安慰自己的女儿说："不是吧？结婚前我看他挺好的，怎么是这样的人？太小心眼了吧？"

"是啊！哎，要是知道结婚后天天会吵架，我打死也不结婚啊，我现在想离婚了。"听到女儿这么说，在一旁看报纸的父亲急了，也赶紧凑过来。

"你这傻孩子，别动不动就说离婚，夫妻双方吵架是很正常的事，小李人不错，你在路上的时候，他就打电话来了，还跟我们道歉，只要没有原则性问题，吵吵架也没什么，越吵越热闹啊！"

听到父亲这么说，小雅噗嗤一声笑了："合着您的意思就是鼓励我们吵架？”

“那肯定不是嘛！我的意思是，你别还像没结婚时一样，希望周围的人都围着你转，男朋友哄，爸妈疼着，结了婚，你就为人妻了，要调整好心态，不要动不动就提离婚，说多了会伤害夫妻感情的。”父亲的话似乎很有道理，小雅听完后，收拾了东西，洗了把脸就回家了。

这则案例中，初为人妻的小雅因为和丈夫吵架而回到娘家，原本以为父母会站在自己这边，但最终，父亲的一番话让她打消了离婚的念头。

正如小雅的父亲所言，婚姻中感情再好的夫妻，也避免不了争吵，万不可抱着吵架就离婚的心态。当然，这并不是鼓励我们和爱人吵架，而是应该调整自己在婚姻中的心态。

其实，婚姻中夫妻吵架，都是为了一些无伤大雅的小问题。比如，今天轮到谁做饭、谁洗衣服，马桶盖是敞开还是合上，或者是轮到谁去倒垃圾这样的问题等，一旦你明白了这一点，你就可以接受婚姻中最令人吃惊的一个事实：夫妻间的绝大部分争吵是无法解决的。夫妻双方年复一年地试图改变对方的想法，但没能成功，而这就是婚姻。

的确，夫妻间免不了磕磕碰碰，在明白这一点之后，你还需要明白的是，即使吵架，也不可伤害夫妻间的感情，可能有不少女性在与丈夫互相指责时都扮演了受害者的角色，但指责的话刚脱口而出，你就后悔了。和对方说话时语气总是很生硬，或者你的本意也许是好的，可说出来却全变了味儿——这时一场争执往往在所难免，错误信息的传递眼看就要引发一场家庭大战了，但这时候，如果你改变说话的方式，就完全有可能化解矛盾。为此，我们在与丈夫产生矛盾而进行沟通时，需要掌握以下原则：

1. 带着情绪时不要沟通

因为情绪会直接影响着你的沟通态度，进而影响沟通的效果。据说，拿破仑曾经为军队树立了一条纪律，就是士兵犯错后，军官不得马上批评，因为马上批评，会受到情绪的影响而起不到真正的批评的作用。沟通亦然，带着情绪